新时代高校体育教学与大学生素质教育研究

杨彤彤 著

吉林摄影出版社
·长春·

图书在版编目(CIP)数据

新时代高校体育教学与大学生素质教育研究/杨彤彤著.--长春:吉林摄影出版社,2022.10
ISBN 978-7-5498-5600-8

Ⅰ.①新… Ⅱ.①杨… Ⅲ.①体育教学－教学研究－高等学校②大学生－素质教育－研究 Ⅳ.①G807.4②G640

中国版本图书馆 CIP 数据核字(2022)第 217873 号

新时代高校体育教学与大学生素质教育研究
XINSHIDAI GAOXIAO TIYU JIAOXUE YU DAXUESHENG SUZHI JIAOYU YANJIU

著　　者	杨彤彤
出 版 人	车　强
责任编辑	岳青霞　罗　晗
封面设计	刘　华
开　　本	787mm×1092mm　1/16
字　　数	275 千字
印　　张	11
版　　次	2022 年 10 月第 1 版
印　　次	2022 年 10 月第 1 次印刷
出　　版	吉林摄影出版社
发　　行	吉林摄影出版社
地　　址	长春市净月高新技术产业开发区福祉大路 5788 号
	邮编:130118
电　　话	总编办:0431—81629821
	发行科:0431—81629829
网　　址	http://jlsycbs.com.cn/
印　　刷	北京市兴怀印刷厂

ISBN 978-7-5498-5600-8　　　　定　价:48.00 元

版权所有　侵权必究

前言

体育教育是随着人类社会的不断发展而得以逐步建立和完善的,作为人类特有的一种社会活动形式,它是社会文化的重要组成部分,也体现了人类在对客观世界进行改造过程中的文明发展程度。世界全球化日趋发展的背景下,体育也进入了全球化的时代,并且逐渐发展成为人们社会生活中不可缺少的部分。体育教育的发展和繁荣同人们的生活有着非常密切的关系,人们对于体育教育的关注和参与也变得日趋频繁。

随着社会主义市场经济的发展,社会对人才的需求标准越来越高,再用传统的模式培养体育专业人才,显然已经不能适应当今社会对体育人才的需求,所以我们必须改变观念,建立正确的体育人才培养价值取向和思维方式,探索新时期新的体育教育及大学生素质教育的培养方式。

高校体育是体育事业发展的基础,而体育教师的质量是决定学校体育发展水平的关键要素。体育教学不仅需要建构于现代科学的基础之上,还需要教师对教学经验的扬弃,更需要融入教师的教学智慧。只有这样,它才能焕发艺术的魅力和生命的活力。

素质教育是高校体育改革的方向。随着现代社会对人才培养的新要求,体育教学如何适应时代需要已成为体育改革的重要突破口。因此,高校体育作为终身体育的一个重要环节,在教学观念上,不仅要增强学生的体质,更重要的是培养学生终身体育思想和全面提高学生的整体素质,并使之终身受益。在教学内容上,必须以学生为主体因材施教,要充分考虑到学生的兴趣、爱好、能力,要让教材适应学生,而不是让学生适应教材。在教学考核、评价方面,要打破原有应试教育的考评模式,建立科学的素质教育评价体系。在课程设置上要把以运动技术为主线的教学转向强身育人的教学,就必须扩大理论教学知识范畴,普及健身教学内容,重视职业实用性体育教育,使课程具有科学性、系统性、多样性、选择性和趣味性。在教学方法上应更加突出师生的双边协调,信息和传导途径日益科学化和现代化;在教学评价上应更加注重师生双方的信息反馈,更加注重过程评价和终结评价的结合,使评价体系更符合学生实际,更有利于促进培养学生的终身锻炼习惯。

希望本书能够为学习和研究高校体育教育与教改革新研究的学者同仁们提供一些有资可寻的学术信息。当然,至于本书的研究实用价值究竟如何,还有待专家、学者们的检验,如有疏漏之处,还请谅解。

作　者
2021 年 12 月

目 录

第一章 高校体育教学概述 ·· 1
　第一节 体育教学研究概念 ·· 1
　第二节 体育教学和体育教学研究的目的 ································ 5
　第三节 体育教学研究的条件 ·· 8
　第四节 体育教学研究的方法 ··· 12

第二章 高校体育教学内容 ··· 21
　第一节 体育教学内容概述 ··· 21
　第二节 体育教学内容的目标与要求 ··································· 26
　第三节 体育教学内容的分类和层次 ··································· 31
　第四节 体育教材化及其内容 ··· 34

第三章 高校体育教学设计 ··· 41
　第一节 体育教学设计概述 ··· 41
　第二节 体育教学目标的设计 ··· 46
　第三节 体育教学策略的设计 ··· 47
　第四节 体育教学媒体的设计 ··· 50
　第五节 体育教学过程的设计 ··· 53

第四章 高校体育教学方法与创新 ······································· 57
　第一节 高校体育教学中微课的应用 ··································· 57
　第二节 高校体育教学中慕课的应用 ··································· 60
　第三节 高校体育教学中翻转课堂的应用 ······························· 62

第五章 高校体育自主教学模式与合作教学模式 ··························· 69
　第一节 高校体育自主教学简述 ······································· 69
　第二节 高校体育自主教学模式的构建 ································· 72
　第三节 高校体育"三自主"教学模式分析 ······························· 78
　第四节 合作教学模式在高校体育选修课中的应用 ······················· 80
　第五节 高校体育合作教学模式的构建与在健美操教学中的应用 ··········· 87

第六章 高校体育与健康思想指导 ······································· 91
　第一节 高校体育课程的价值取向 ····································· 91

第二节　高校体育教育的价值取向 …………………………………… 94
　　第三节　高校体育主导思想的价值 …………………………………… 96
　　第四节　高校体育与终身体育价值 …………………………………… 99

第七章　高校体育与健康主体教育 ……………………………………… 103
　　第一节　高校体育培养大学生主体性 ………………………………… 103
　　第二节　体育教育与大学生心理健康 ………………………………… 105
　　第三节　体育运动与大学生审美能力 ………………………………… 107
　　第四节　大学生体育学习的能力培养 ………………………………… 110

第八章　新时代高校体育与大学生素质教育 …………………………… 113
　　第一节　素质教育视域下体育教学的内涵释义 ……………………… 113
　　第二节　素质的内涵与特征 …………………………………………… 120
　　第三节　素质教育的性质 ……………………………………………… 124
　　第四节　大学生素质教育的重要性研究 ……………………………… 128

第九章　素质教育视域下大学生体育教学课程的改革 ………………… 137
　　第一节　对高校体育课程设置的探讨 ………………………………… 137
　　第二节　高校体育课程改革的实践与走向 …………………………… 139
　　第三节　新课程教学理念下高校体育教学课程的优化 ……………… 141
　　第四节　构建高校体育理论课程教学体系的研究 …………………… 142
　　第五节　基于核心素养视角下的高校体育课程改革研究 …………… 144
　　第六节　体育学科的目标教学与课程的创新设计 …………………… 147

第十章　素质教育视域下大学生体育教学评价 ………………………… 155
　　第一节　体育教学评价的发展与规范 ………………………………… 155
　　第二节　高校体育教学评价的改革 …………………………………… 158
　　第三节　构建高校新的体育教学评价体系的可行性分析 …………… 160
　　第四节　高校体育教学评价体系改革的策略 ………………………… 161
　　第五节　高校体育教学评价体系的构建 ……………………………… 163
　　第六节　高校体育教学评价多元化模式的建设 ……………………… 166

参考文献 …………………………………………………………………… 169

第一章　高校体育教学概述

第一节　体育教学研究概念

目前,全面实施素质教育,促进大学生健康成长,是摆在我们面前的一项艰巨的任务。体育教学作为大学生健康教育的重要内容,受到广泛的关注。体育教学的研究也越来越受到重视。体育教学研究是提高体育教师的教学能力和体育教学质量必不可少的工作,在体育教学过程中发挥着非常重要的作用。

没有研究就没有创新,没有创新就没有体育教育事业更好的发展。体育教学研究是提高体育教学质量、完善体育教学方法和策略的主要手段。放弃对体育教学的研究,体育教学将失去不断进步的动力和条件,体育教学也终将失去意义和生命力。

一、体育教学概念

体育教学研究,即借助科学的研究方法、研究手段,针对体育教学的现状和存在的问题,不断地完善体育教学的方法和手段,从而提高教学质量,借此向更多的体育爱好者和研究者揭示体育教学现象的本质及一般规律而开展的一项具有研究意义的工作。

体育教学研究的根本目的是提高体育教学质量,不断地完善当今体育教学的理论知识。从对当前高校教育中体育教学的调查和研究来看,受应试教育的影响,很多高校忽视了体育教学的重要性,没有健全的体育教学理论知识,对体育教学的认识不足。随着素质教育的全面实施,各高校都应该加强对体育教学的研究,不断地完善体育教学的理论知识和提高体育教学质量,从而提高大学生的身体健康水平。

提高体育教学质量的根本途径是解决体育教学实践中出现的一系列问题,因此,可以将体育教学研究的对象定义为体育教学实践中存在的影响体育教学质量的问题,而不是体育教学中的一些理论问题。这主要是因为体育教学是以教学实践为主,体育教学中的理论知识只是实践教学的辅助,而体育教学实践是体育教学的最终表现形式,因此,要想不断地提高体育教学的质量,体育教学研究者应该对体育教学实践进行调研,从中找出存在的问题,然后根据这些问题对体育教学进行针对性的研究。

体育教学研究是一项较为特殊的研究,其研究的对象是体育教学实践中存在的影响体育教学质量的问题,因此,体育教学研究方法的选择也应该从体育教学的实际和体育教学的本质出发,采用科学研究和教育实践研究相结合的方法,即从科学的角度分析体育教学实践中阻碍教育质量提高的主要原因,然后将这些分析结果以及分析的过程借助体育教学实践进行研究验证,这样才能联系实际解决体育教学中存在的问题,不断提高体育教学的质量。

体育教学研究的主要内容是体育教学现象的本质及体育教学中存在的规律。体育教学是大学生学习生涯中必不可少的一个环节,是高校对大学生进行身体健康教育,从而使大学生陶冶情操、放松身心的主要方式。随着国家对大学生健康教育重视程度的不断提高,对大学生进行健康教育是每一个高校必备的课程。对体育教学的研究者而言,只有清楚体育教学现象的本质,了解体育教学中存在的规律,才能将体育教学质量的提高落到实处。

二、体育教学研究的意义

从培养大学生的角度来看,体育教育的作用是不容忽视的,在体育课上,教师可以采用形式多样的教学方式,借助各种有利于大学生成长的体育活动,加强大学生的身体锻炼,在活动中潜移默化地培养大学生的心理素质、团队意识、沟通交际能力等,这有利于大学生的身心成长和发展。

(一)体育教学研究可以促进体育教学理论的发展

体育教育正式进入我国教育行业成为一门独立学科的时间还比较短,较其他学科而言,体育教育无论是在教学理论还是在教学实践方面,都有待进一步的研究和发展。在当今体育教学的发展过程中,人们对体育教学的研究主要是进行一些运动、锻炼等活动。但是体育作为一门独立的学科,与运动、锻炼等活动在目的、内容、性质、意义等方面都存在很大的差别。因此,为了更好地保证体育教学的实施,提升体育教学质量,我们应该从当前体育教学的实际情况出发,从体育教学的特殊性出发,结合大学生成长的特点对体育教学进行深入的研究和分析,制定出一套符合体育教学的理论和方法,缓解体育教师进行体育教学时的盲目现象,让其更好地为体育教学服务。

(二)体育教学研究有利于体育教学的改革和发展

近年来,改革成为我国教育事业所面临的一个重要课题,在教育改革政策和方针的约束和指引下,各个学段、各个学科的教学改革正在紧张地进行,体育教学改革也如火如荼地进行着。但是,我国体育教学的改革一直面临以下几个方面的问题:第一,目前关于体育教学的理论研究不充分,因此,无法把握体育教学改革的方向;第二,缺乏对体育教学方法的研究,无法寻找有利于提高体育教学质量的教学手段和方法,无法保证体育教学改革的进一步实施;第三,缺乏对当前情况下的体育教学改革过程中涉及的新理论和教学方法的可行性分析,无法衡量体育教学改革政策的适合与否。以上三个问题均严重制约了我国体育教学和教学课程改革的提高和发展。因此,科学的体育教学研究有利于正确地把握我国体育教学事业的发展方向,有利于科学的体育教学方法的发现和实施,有利于可行性体育教学模式的发掘。因此,体育教学研究有利于我国体育教学的改革和发展。

(三)体育教学研究有助于体育教师能力的提高

随着社会的发展进步,信息更新速度的不断加快,教学质量也在进一步提高,社会对教师的教学能力和知识储备的要求也在不断提高,因此,教学与研究互相渗透已经成为提高教学质量、完善教师自身素质的必经之路。体育教学研究能够直接提高体育教师的教学能力,可从以下几个方面进行分析:第一,能够提高体育教师的教学设计能力。体育教师在研究体育教学的过程中,会增强问题意识,更加清晰明了地拓宽体育教学设计的思路,完善体育教学的方法。第二,能够不断地激发体育教师的创造性。体育教师在进行体育教学研究的时候,其所接触到的体育教学方面的知识也更加直观、全面,认识到的教学实践也更加客观和深入。第三,能够帮助体育教师获得更多的新知识,不断地拓宽其知识面。第四,能够促进教师之间的交流和合作,更好地促进体育教学知识和教学实践经验的增长。因此,体育教学研究有助于体育教师教学能力的提高。

三、体育教学层次的研究

从当前体育教学的特点以及体育教学研究的成果来看,体育教学研究并不是单一的研究层次。按照体育教学研究的内容不同进行层次的划分,不仅有利于教学研究的有效进行,而且有利于开展全面、深入的研究。

(一)描述现象层次的研究

描述现象层次的研究虽然是体育教学研究中最基础的工作,但也是最重要的工作。因此,在进行这一层次的研究时,首先应该保证研究的客观、准确、全面性,这样才能获取体育教学各个层次的可靠信息,才能为体育教学的继续研究提供充足的信息。

(二)对描述现象进行解释和归因层次的研究

所谓对描述现象进行解释和归因层次的研究,其实就是在描述现象层次研究的基础上,对所描述的现象结合体育教学的特点进行认真的综合分析,研究出阻碍体育教学质量提高的原因。解释的主要意义在于帮助人们理解体育教学现象之间存在的联系,主要任务就是阐述这种现象发生的实际原因。这一研究属于体育教学研究的中级层次,但是,目前我国很多体育教学研究者对这一现象的研究不深入、不全面,这主要是因为在进行这一层次的研究时,对产生现象的分析角度不够全面、深入,分析问题的方法不科学。对于体育教学研究而言,要想不断地提高体育教学质量,就应该对目前体育教学中存在的现象进行正确、深刻的分析和归纳,这样才能正确地揭示体育教学中一些阻碍教学实施的现象,从中得到正确的因果关系。

(三)实证层次的研究

通过对体育教学研究层次中的第二层次的研究,可以清楚地把握目前体育教学现象的因果关系,因此,实证层次的研究实际上就是对第二层次所获得的因果关系进行实证研究,其主要目的就是验证第二层次中所研究的因果关系能否在真实的体育教学环境中发生。因此,实证层次的研究是体育教学研究中的中心环节,这个环节可以获得最可信的研究结果。实证层次研究的主要方法是实验法,通过实验让假设的命题在一次次的实验中获得永恒的规律。但是由于体育教学研究面临很多不确定的因素,具有很强的社会性,在研究的过程中不可能像一般的实验研究那样拥有很多的可控因素,因此,在进行实证研究的过程中,应该精心地进行命题的假设和推理,全面地设计实验,在对实验结果进行仔细分析的基础上,对实验所得出的结论进行恰当的总结和分析。

(四)理论和外推层次的研究

对于体育教学研究而言,在对所研究的体育教学规律进行实证之后,就应该将其概括总结为理论知识,因此,理论研究的主要目的就是说明体育实证层次研究中所得到的因果关系或体育教学规律的发生条件和原则。再加上目前我国体育教学中缺乏理论方面的创新,因此,这一环节对于体育教学质量的提高很重要。外推的本质意义就是将所得的理论知识应用于实践教学之中,所以在进行理论和外推层次的研究中,最重要的两点就是对理论知识进行高度概括,并找出合适的外推手段。

四、体育教学研究的特点

众所周知,体育教学与其他的学科教学有着很大的区别,因此,体育教学研究也不等同于其他学科的科学研究和教育理论研究。根据体育教学的特点可知,体育教学研究的主要特点是学理性、实践性和复杂性。

(一)体育教学研究的学理性

体育教学本身就是以传递体育教学相关的知识和技能为过程的教学,所以其方方面面都是围绕着教与学进行的,无论是教师教授的过程还是大学生接受学习的过程,都必须遵守教学的规律。因此,对体育教学的研究,和其他学科的教学研究一样,归根到底都是学理性的研究,如果体育教学不具有这一特点,那么教学就无法科学、有效地进行。

(二)体育教学研究的实践性

体育教学的很多理论知识都是在实践的基础上产生的,并且在实践中得到验证,这使得教学理论能够在不断的实践中得到检验、修正、丰富和发展。因此,教学研究也应该围绕着教学实践进行,这样才能使体育教学研究成为真正有意义的研究。换言之,如果体育教学研究脱离了教学实践,那么将失去研究的意义。

(三)体育教学研究的复杂性

体育教学活动是由多种因素和变量组成的,但是这些变量之间并不是孤立存在的,每一个变量都是与其他的变量相互约束、相互制约的。开展教学研究的根本目的,就是将这些变量之间相互作用的复杂关系展现出来。人们通过对体育教学的研究,提出体育教学变量主要由三类变量组成:一是环境变量,主要表现在课堂环境和状态对学习效果的影响;二是过程变量,是指师生的课堂行为、知识特点等对学习成果的影响;三是结果变量,是指教师所期望的以及教师拟订教学活动计划所依据的、可用有效的教学目标和标准加以衡量的教育成果。

第二节　体育教学和体育教学研究的目的

一、体育教学的目的

众所周知,体育教学是高校教育的重要组成部分,而高校所开展的体育教学又是体育终身教学的前提和基础,是培养广大青年健康体魄的重要课程,因此,体育教学质量的高低直接影响着国家和民族的生命力旺盛与否;不仅如此,体育教学质量也是社会文明进步的衡量标志。作为一名体育教师,必须明确体育教学的目的,强化大学生对体育教学重要性的认识,培养大学生参加体育教学的积极性。我国开展体育教学有以下几个方面的目的。

(一)提高大学生的体能综合素质

改革开放以来,我国的体育教学工作得到了蓬勃的发展,大学生的身体素质和生长发育状况也在不断改善。我国应该积极开展体育教学,以提高大学生的体能以及综合素质。

(二)提高大学生对体育锻炼重要性的认识

大学生在进行体育锻炼的过程中,能够不断地提高自身的综合素质,从体育教学中获取社会对大学生的要求,也在体育教学中获得基本的交际能力,不断地提升自己的社会认同感,从而理解并认识到体育教学在大学生教育中的重要性。这样大学生才能积极地学习体育知识,主动参与到体育活动中去,这对于我国体育教学的深入和发展都能起到很好的推动作用。与此同时,大学生提高对体育教学重要性的认识,能够激发体育锻炼的主观能动性,激发健康向上的活力,提高整个国家和民族的生命力,推动我国体育教育事业不断进步。

二、体育教学对体育教师的要求

体育教师是体育教学活动的组织者和指挥者,是体育教学活动的主体,体育教师能力和水平的高低直接关系到体育教学质量的好坏。因此,要想不断提高我国体育教学的质量,首先应该提高我国体育教师的知识水平和能力。经过对体育教学活动的调查和研究可知,体育教学对教师有以下几个方面的要求。

(一)具有丰富的体育教学知识和较高的教学水平

大学生是教学活动的客体,在教学活动中承担着接受者的角色,所以,体育教师的专业知识和教学水平直接影响着大学生的学习效果,影响着教学的质量。为了不断提高我国体育教学的质量,积极响应新课改的要求,要求体育教师具有丰富的专业理论知识和较高的教学活动的组织和策划能力,这样才能从根本上优化体育教学活动。

(二)能够充分调动大学生的学习积极性

体育教学是一门充满活力和创造性的学科,具有很高的灵活性和趣味性,能够帮助大学生在体育锻炼中获得一些必需的知识和技能。虽然体育教学相对于其他学科教学而言具有更多的趣味性,但是很多大学生并不愿意参加体育活动,这主要是因为体育教师在教学过程中没有重视对大学生的引导,没有根据大学生的特点和爱好充分调动大学生的积极性。作为一名体育教师,首先应该具备对教学方法的选择能力,根据大学生的兴趣特点,策划一些有意义的体育活动,逐渐激发大学生对体育运动和学习的兴趣。

三、体育教学研究的目的

开展体育教学研究成为提高我国体育教学质量的唯一出路。体育教学研究的目的主要表现在以下几个方面。

(一)提高我国体育教学理论水平

虽然体育教学在我国已经有一百多年的历史,但是相对于其他学科而言,其起步的时间较晚,再加上受到传统教育观念的影响,许多高校忽略体育教学,导致我国体育教学在理论知识上存在很大的不足。我国的体育教学理论一方面沿袭了传统的体育教学理论,另一方面来自对其他国家的有关体育教学理论的借鉴。但是,随着时代的发展,沿袭而来的体育教学理论已经不适应现在对大学生的体育教学要求;由于所适用的大学生群体不同,借鉴其他国家的体育理论与实际教学存在很大的矛盾。开展体育教学研究,能够在充分了解当前体育教学存在的不足的基础上,对当前体育教学中存在的问题和不足进行深入的分析和研究,找出传统体育教学理论需要补充和修改的理论内容。再根据我国大学生成长的特点,将由国外借鉴而来的体育教学理论与传统体育教学理论进行科学的融合,这样才能完善我国的体育教学理论,提高我国体育教学理论水平。

(二)对体育教学进行改革

随着素质教育的不断推行,各类学科都在根据社会的需求进行教学改革,体育教学改革也受到了更多的关注,但是体育教学改革一直面临着理论研究不充分的问题。因此体育教学无法探明改革的方向,也无法把握改革的方法和手段,即使在借鉴外国的改革经验进行改革的时候,也缺乏对中国体育实际教学的可行性研究。由于对体育教学的研究不足,因此体育教学改革无法为体育教学活动带去更多的有利因素,也无法提高体育教学的质量。体育教学研究应结合大学生的特点、社会的需求、社会的发展趋势等进行,确立体育教学的改革方向,不断优化体育教学方法,并运用假设和实验的方法对所获得的新教学方法进行可行性分析和研究,这样才能更有针对性地改革体育教学。

(三)提高体育教师能力

随着社会的不断进步,任何学科对教师的能力要求都在不断提高。从教师的职业发展来看,教师是一个需要终身学习的职业,要随着社会的变化不断更新自己的专业知识和技能。目前,教学与研究相结合成为教师提高自身知识水平和教学能力,提高教学质量的必经之路。对于体育教师而言,他们在对体育教学问题的研究过程中,能够发现和学到更多有关体育教学的知识;在不断发现问题和解决问题的过程中,获得有关体育教学的新知识,对体育教学实践的认识也更加全面、深入、客观;在不断研究过程中,还能对所研究的问题进行总结,从而激发其在体育教学方面的创造性。同时体育教学研究能够促进体育教师之间的交流和互动,从而提升体育教师团队的整体水平。

(四)规范体育教学流程

体育教学研究,实际上就是对体育教学过程中涉及的各种教学因素以及教学规律所进行的研究。任何一种教学都是从初步走向成熟,从适应走向规范,再加上体育教学本身相对于其他学科的教学活动而言,具有很多不确定的因素,教学过程难免会受到不确定因素的影响,最终导致教学过程的失败。教学实践和教学过程的规范实际上是相辅相成的关系,教学流程在教学过程中起指导性的作用,同时教学过程也在实际的进行中影响着教学流程,使其不断完善和规范。开展体育教学研究的根本目的之一,就是通过对教学过程的监督和分析,找出教学流程中导致教学效果不理想的原因,然后对其进行改正和优化,不断地规范体育教学流程。

(五)提升我国体育教学研究团队的整体水平

优秀的体育教学研究团队,需要在不断地研究、突破、创新中得到提高,如果一个团队缺少对本职业的研究队伍,那么不仅这一团队的整体水平会下降,同时也失去了与其他团队的竞争力。在改革开放的今天,各国之间的教育、经济等都趋于透明的状态,即使是同一个地区或是同一高校的体育教学之间也存在竞争的关系,在这种市场竞争逐渐激烈的环境中,如何不断地突破自己,提升整个团队的科研水平,提升体育教学研究者的专业能力,不仅是每一位体育教学工作者应该面对的问题,也是市场竞争的必然趋势。教育工作者从事体育教学研究,可以在不断地研究过程中,提升自己的专业知识,优化自己的专业技能,同时增强自己在体育教学方面的能力,从而提高我国体育教学研究团队的整体水平,提升我国的体育教学质量。

通过上述对体育教学目的及其研究目的的介绍,我们可以看出,随着体育教学地位的逐渐提高,教学研究已经成为当前体育教学过程中的新课题,也是体育教学工作者必须面对和探讨的课题,无论处在何种地位的体育教学工作者,都应该积极地参与到体育教学研究的工作中去,不断地发现体育教学过程中的问题,创新自己的思路,以保证体育教学质量的不断提高。

第三节 体育教学研究的条件

体育教学研究是一个多因素的、复杂的教育活动,其中有待解决的问题很多。由此可以看出,体育教学研究所需要的条件也有很多,主要包括以下几个方面。

一、对教学主体的了解和掌握

大学生是体育教学的参与者,也是教学任务的接受者,没有大学生,体育教学就失去了意义,因此在对教学进行研究的过程中,必不可少的条件之一就是了解大学生。但是,在体育教学研究过程中,除了大学生这一学习主体之外,教师也起到非常重要的作用,因此,除了要充分了解大学生外,还要了解体育教师在教学过程中存在的不足之处以及需要改善的地方,为体育教学研究提供研究基础和材料。对大学生和体育教师的了解和分析是体育教学研究的对象之一,也是进行体育教学研究过程中其他方面研究必备的条件。体育教学研究过程中对于教学主体的了解和掌握具体包括以下几个方面。

(一)各个年龄阶段大学生的身体发展状况

体育教学同其他学科的教学一样,是一个循序渐进的过程,具有阶段性。因此,在进行体育教学和研究的过程中,首先应该清楚各个阶段大学生的身体和心理的发展状况,这样有助于体育教学研究者制订针对性的研究计划和体育教学改革的策略。

(二)大学生对体育课的兴趣

对任何一门学科而言,兴趣绝对是提高这门学科教学质量的催化剂。调查大学生对体育课的兴趣也是体育教学研究的关键一环,这样能从大学生的角度出发,了解大学生对体育教学的需求,有助于体育教学研究的不断深入。

(三)体育教师的职业特点和能力结构

了解体育教师的职业特点和能力结构,能够掌握我国体育教学过程中对教师能力以及综合素质的要求,明确现实与要求之间的差距。这样才能明确体育教学研究中教师能力提高的方向,优化教师队伍。

(四)体育教师所具备的基本条件

随着新课改要求的不断深入,体育教学逐渐在高校教育中占据越来越重要的地位,也逐渐发挥其自身的重要作用。体育教学是一项较为复杂的实践性教学,因此要求体育教师必须具备专业的体育教学知识和较高的教学能力等。研究体育教师所应具备的基本条件,有助于明确体育教师能力研究的范围。

二、明确体育教学研究的思想和目标

体育教学研究是一项有意识、有计划、有组织的研究性活动,一切的体育教学类的研究活动都离不开对体育教学价值的判断和思考。明确体育教学研究的思想和目标,从研究意义上说,实际上就是把握体育教学研究的方向、在研究的过程中极力地发掘任何有利于体育教学发展的体育教学理论和教育方法。体育教学研究的思想是指导体育教学研究者行动的主要依据,缺少体育教学研究的思想就无法顺利实现体育教学研究的目标。特别是在我国激励倡导教学改革的时期,体育教学受传统教学观念的影响,很难突破传统教学模式和教学方法的局限,在这种格局中,只有明确研究目标、坚定研究思想,才能将体育教学研究的目的落到实处,才能不断提高我国体育教学的质量。要明确体育教学研究的思想和目标,需要清楚如下内容。

(一)体育学科的功能与价值

体育学科的功能和价值是确定体育研究目标的前提条件,也是从事体育研究所必须掌握的条件,两者缺一不可。体育学科的功能与价值明确了体育教学在高校教育中的重要作用,为体育教学研究提供目标的参考和研究方向的借鉴。

(二)体育教学研究的指导思想

体育教学之所以能够上升到一门研究性学科的重要地位,主要是因为我国已经认识到体育教学在大学生成长和发展中的重要作用。体育教学研究的指导思想是保证体育教学研究顺利进行的前提条件,因此,只有明确体育教学研究的指导思想,才能保证体育教学研究有条不紊地进行。

(三)体育教学研究的目标

体育教学研究目标是体育教学研究的指导,它为体育教学研究指明了方向,奠定了坚实的基础。只有明确体育教学研究的目标,才能更加清楚体育教学研究的方向,明确体育教学研究的意义,因此,明确体育教学研究的目标是体育教学研究的前提条件之一。

(四)当前体育教学改革的方向

随着素质教育的全面推行,体育教学也被正式纳入新课改的范畴,新课改也因此成为体育教学研究的必经之路。与此同时,在从事体育教学研究的时候,也应该清楚体育教学改革的方向,这也是体育教学研究的方向。因此,明确体育教学改革的方向是开展体育教学研究必备的条件之一。

(五)世界各国体育教学研究的状况

改革开放在促进各国经济交流的同时也促进了各国教育事业的交流,体育教学作为一门学科被正式应用到教学过程之中,最根本的原因就是借鉴其他高校教育的模式。关注世界各国体育教学研究的状况,能为我国的体育教学研究提供更多的方法和内容的借鉴,这对于体育教学研究是有利而无害的。

三、明确体育教学的过程

体育教学是体育教育活动的主要表达形式,体育教学也是保证大学生健康成长的主要方法。但是,体育教学与其他学科的教学又有着很大的不同,因此明确体育教学的过程是体育教学研究的重要内容。明确体育教学的过程既是体育教学研究需要掌握的基本理论问题,也是体育教学研究活动顺利进行的前提条件。详细地了解和掌握体育教学的过程,明确体育教学过程中所涉及的一些基本步骤和内容,是正确认识体育教学的本质、特点和教学中所涉及的一系列教学规律的基础。体育教学过程对教育本身而言,是教育目标实现的根本途径,而教育研究的根本目的就是提高教学质量,教学质量的提高体现在教育过程中的每一步。因此,体育教学研究者必须明确体育教学的过程,这样才能保证体育教学研究具有教学针对性,起到实现体育教学质量提升的重要作用。

作为体育教学研究的前提条件之一,对体育教学过程的了解和掌握主要包括以下几个方面。

(一)体育教学过程的特点

体育教学过程的特点是体育教学区别于其他教学的明显特征,也是了解体育教学过程所必须掌握的关键因素。体育教学过程是一个特殊的教学过程,也是一个十分强调实践性的教学过程,并且教学过程中会受到很多不确定因素的干扰。因此,对每一位体育教学研究者而言,要十分明确体育教学过程的特点,这样才能帮助他们更清楚地掌握体育教学的过程。

(二)体育教学设计

体育教学的过程实际上就是体育教师对体育教学进行教学设计的过程,体育教学设计要体现不同阶段大学生的特点,所设计的教学活动也要有利于大学生的成长和发展。因此,体育教学设计是体育教学过程中的重要环节,是体育教学过程不断优化的有力保障。体育教学研究者应该具备体育教学设计的能力,清楚教学设计的功能和作用,这样才能促进体育教学研究的不断深入。

(三)体育教学过程"三段式"

体育教学"三段式"是一种新的体育教学形式,也是保证体育教学过程顺利进行、保证体育教学质量的主要形式。"三段式"教学过程是指将体育教学过程分为开始、准备和结束三个部分,体育教学研究中对体育教学过程的研究也要依照这三个部分进行,因此,体育教学研究者应该具备对教学过程中"三段式"的理解和运用能力。

(四)体育教学方法

体育教学方法是体育教学过程的重要组成部分,它是衡量体育教学过程是否有利于大学生成长和发展的主要依据。在进行体育教学过程的研究时,应该清楚每一种教学方法,详细地了解每一种教学方法适用的大学生群体以及它们的功能和价值,这样才能对教学方法进行可行性研究。

四、了解体育教学的内容

体育教学是通过教师向大学生传授体育运动这一技术载体而实现的。对于体育教学而言,体育教学活动的运动技术较为丰富多彩,而且每一种体育教学活动均有其特定的功能和作用。因此,体育教学内容也是体育教学研究的方向之一,同时也是体育教学活动的载体,是体育教学能够顺利进行的保证。对体育教学研究而言,只有充分地了解体育教学的内容,才能更清楚地确定体育教学研究的方向。因此,了解体育教学的内容是体育教学研究尤为重要的前提条件之一。

体育教学内容包括很多方面,对于体育教学内容的了解主要包括对体育与健康知识的了解、体育运动文化知识研究、体育教学内容的选择依据研究、体育教科书研究、体育教学计划研究等诸多方面。

(一)体育教学内容的逻辑

体育教学内容较为复杂,这就需要体育教学工作者厘清各教学内容之间的特点和关系,这样才能明确各内容之间的逻辑,便于研究过程中的分类与整合,保证教学研究正常进行。

(二)体育教学内容的选择标准和程序

体育教学内容的选择标准和程序,是体育教学研究中必须明确的问题之一,是进行体育教学内容研究和教学过程研究的前提。如果体育教学内容的选择标准和程序不明确,那么就无法保证体育教学研究的科学性。

(三)对民族传统体育活动的了解

体育来源于生活,每一个地区的传统运动项目都有其背景和意义,但是随着社会的不断发展,一些具有地方特色的传统运动项目逐渐走向消亡。为了促使大学生对地域传统运动项目的继承和发扬,保证该地区的体育教学项目能够凸显地域特色,新课标强调体育教学必须具有当地民族传统特色,这是体育教学研究的任务之一。

五、考量体育教学条件

体育教学具有很强的实践性,因此体育教学离不开良好物质条件的支持,同时对教学环境也有很高的要求,否则就不可能有高质量的体育教学。

在进行体育教学研究的过程中,研究者需要对教学条件进行充分的考量,主要包括了解体育教学的环境和内容,掌握教学场地和器材的现状,清楚体育教学中所需场地和器材的标准,掌握新型运动器材和运动器具的用法和作用等,只有这样,才能保证体育教学研究过程的全面性和科学性。

(一)掌握教学场地和器材的现状

体育教学研究也是对体育教学过程的研究,其根本目的就是不断优化体育教学过程,提高体育教学质量。因此,在对体育教学进行研究的时候,首先要对体育教学的场地和器材现状进行调查,以便更好地掌握体育教学的动态,从而对体育教学开展更为细致的研究。

(二)清楚体育教学中所需场地和器材的标准

每一个阶段的体育教学,其对场地和器材都会有着不同的要求,这是保证体育教学过程正常进行的基础。在体育教学研究过程中,应该清楚体育教学场地和器材的标准,以便研究者根据此标准进行合理的研究,在研究中保证对教学场地和器材的进一步优化。

(三)掌握新型运动器材和运动器具的用法和作用

随着科学技术的不断发展,新型运动器材和运动器具的用法和作用逐渐成为体育教学研究中的重要内容之一,这也是体育教学研究的条件之一。每一种运动器材和运动器具相对应的教学作用和功能以及适用的人群有所不同,为了保证体育教学研究的有效性,并且能够让新型运动器材和运动器具在教学过程中的作用得到充分的发挥,体育教学工作者需要清楚新型运动器材和运动器具的用法和作用。

第四节 体育教学研究的方法

体育教学研究是提高我国体育教学质量的方法之一,再加上目前教育学界对研究型教师的需求,体育教学研究逐渐受到更多人的关注与重视。任何一种研究只有掌握了先进的研究方法,才能保证研究的效果,加之体育教学具有一定的特殊性,因此,在体育教学研究过程中尤其要注重研究方法和手段的选择。

一、问卷调查法

问卷调查法是从事体育教学研究以及其他学科的教学研究时常用的一种方法,它是由体育教学研究者在对研究目的进行认真分析的基础上,按照体育教学的特点和要求设计一些具有针对性的问题,然后确定调查对象群体,借助这些问题向调查群体了解更多有关体育教学中的详细情况,或者征询一些意见。体育教学研究者在具备体育教学研究所需条件的情况下,第一步就是设计调查问卷,选择调查对象,然后进行问卷的回收和审查。

(一)调查问卷的一般结构

任何一种调查问卷都是由题目、指导语、具体内容和编号三个主要部分组成的,每一个部分都有其特定的目的和意义,下面对体育调查问卷的三个组成部分进行简单的介绍。

1.调查问卷的题目

对于调查问卷而言,题目就是调查的主题,从某种意义上而言,它又是体育调查的目的。

因此,在设计体育调查问卷题目的时候,其用语和表述的方式不能让调查对象产生反感。

2.调查问卷的指导语

调查问卷的指导语实际上就是对开展体育调查的目的和调查中有关事项的说明,因此指导语的主要目的就是让调查者更清楚地了解问卷调查的目的和意义,从而引起调查者对调查问卷中题目的重视和兴趣,争取得到调查对象的积极参与和支持。一般而言,体育调查问卷指导语的表达要从被调查者的角度出发,体现被调查者的希望和意愿,同时指导语的内容应该简洁、准确。

3.调查问卷的具体内容和编号

体育调查问卷的具体内容主要包括体育调查问题的内容、问题编排的次序、希望被调查者回答问题的方式等。编号实际上就是问卷中问题的编号,设计问题的编号主要是为了便于调查问卷中数据的整理和搜集。

(二)调查问卷中问题设计的基本要求

调查问卷的主要内容就是问题,由于体育本身就是一门复杂性的学科,为了保证体育调查问卷更符合体育教学研究的需要,在进行问题设计的时候应该满足以下基本要求。

1.保证调查问卷中的问题符合客观的实际情况

由于体育教学具有很强的实践性,因此在设计体育调查问卷的问题时,要保证所提出的问题符合体育教学的客观实际。新课标的实施,加大了不同地区和高校在体育教学方面的差异,因此,在设计体育调查问卷的问题时,要从实际情况出发,对调查对象进行分析和了解。

2.问题必须清楚且明确

在设计调查问卷的问题时,要避免设计一些模棱两可的问题,这样会干扰被调查者的思绪,不利于调查的顺利进行。因此,要多设计一些客观实际的问题,以便被调查者做出回答和选择。

3.问题必须围绕调查目的

体育调查问卷原本就是体育教学研究者根据研究的目的所制定的,是为了更好地为体育教学研究服务的,因此所设计的问题应该紧紧围绕问卷调查的目的进行。

4.问题必须与被调查者有关

被调查者是体育问卷调查的最终执行者,研究者根据他们填写的问卷,获取一些有益于教学研究的知识和信息,以便体育教学研究能够继续深入地开展。因此,调查问卷的题目设计要与被调查者有关。

5.调查问卷的长度要适当

体育调查问卷的长度要适当,如果问卷设计的题目过多、过长,就会引起被调查者的反感,从而影响他们在填写调查问卷时的积极性。如果问卷的长度过短或问题过少,研究者就不能全面地获取所需要了解的信息。

(三)调查问卷的回答方式及其设计

调查问卷的回答方式无非是以下两种。

1.开放性回答

开放性回答就是某些问题没有特定答案,由被调查者根据自己的理解和内心的想法自由填写。开放性回答的灵活性较大,适应性较强,而且被调查者在回答这类问题的时候不受任何的限制,会拥有更多自由回答和自我表达的机会,同时在回答问题的过程中,被调查者还能获得一些较为丰富的具有较强启发性的材料。开放性回答一般用于预测和估计等探索类问题。

2.封闭性回答

封闭性回答即研究者在设计这一问题答案的时候,首先应该将有可能作为问题答案的选项详细地列出,供被调查者选择。封闭性回答比较容易,一方面能够为被调查者提供更多参考内容,有利于打开被调查者的思路,为被调查者节约更多的作答时间;另一方面,对于研究者而言,有利于调查问卷的回收和数据的统计分析。封闭性回答的方法主要包括填空式、选择式、表格式等。

为了更好地完善调查问卷,可以将两种问答方式结合起来进行问卷的设计,以适应各种问题,便于研究者对体育教学信息的了解和掌握。

二、教学观察法

教学观察法实际上就是体育教学研究者对体育教学过程中所涉及的一些行为进行观察,在观察的过程中收集研究性资料的方法。教学观察法是体育教学研究运用最多的一种方法。

(一)教学观察法的特点

教学观察法之所以会成为教学研究领域普遍应用的方法,主要是因为其具有以下几个方面的特点。

1.主观针对性

教学观察法最大的优点就是它具有极强的主观针对性,观察者可以在观察的过程中灵活地选择被观察的对象,这样就能主动地排除一些与研究无关的影响因素,使观察具有针对性。

2.客观真实性

所谓客观真实性,是指所观察的对象和内容都是客观存在的,具有真实性和可靠性,同时也使得所观察的内容具有科学性。

3.集体合作性

由于体育教学的特殊性和复杂性,在采用观察法进行研究的时候,往往会比较复杂,这就需要很多人的合作。在观察前期,对参加观察法调查的集体成员进行培训,培养他们的合作意识,这样才能保证调查研究过程中观察的质量。

(二)教学观察法的类型

根据对教学观察法的研究,可以按照观察的方式将其分为临场观察法、实验观察法、追踪观察法等。

1. 临场观察法

临场观察法实际上就是观察者直接处于观察对象所在的现场所进行的一种观察方式。临场观察法能够使观察者及时地掌握观察对象的变化,以便对其做出快速的反应,同时还能够使观察者身临其境地感受观察对象所处的环境,有利于体育教学研究的开展。

2. 实验观察法

实验观察法就是通过观察者的亲身实验而进行的一种观察方法,实际上就是将观察与实验完美结合于一体,使观察者能够及时地测量和观察实验过程中的指标变化,从而获得有关实验的结果,为教学研究提供更多可供参考的研究条件。

3. 追踪观察法

追踪观察法所观察的是一个事物发展变化的过程,所需要花费的时间较长。追踪观察法虽然会花费观察者很多的时间和精力,但是能够使观察者得到更多有关体育教学的实际情况。

(三)教学观察计划的制订

体育教学的观察计划实际上就是确定体育教学观察的步骤、程序的制订与安排,换言之,就是对体育教学观察法实行方案的研究。它在整个体育教学观察法中占据很重要的地位,是从事体育教学研究的工作人员进行观察的依据。教师根据对教学观察计划的研究,将其制订分为以下几步。

1. 明确观察的目标与任务

观察的目标与任务是从事体育教学观察的前提和基础,是观察过程的指导思想,在整个观察过程中起到非常重要的作用。

2. 选择观察的对象和指标

选择观察对象的时候要注意选取一些具有代表性的对象,这样所得到的结果也较有代表性和说服力。确定观察的指标也是观察过程中非常重要的一部分,要注意指标的有效性和客观性。

3. 确定观察的步骤

确定观察的步骤就是梳理观察的操作环节,只有确定观察的步骤才能保证观察的过程井然有序,从而保证观察的科学性和有序性。

三、教学实验法

教学实验法是在教学研究的过程中对所确定的研究假说进行可行性验证的方法。因为体育教学是一项对实践性要求极强的教学,因此每一种新的教学理论或是教学方法的推行都应该经过教学实验法的甄选和过滤,确保教学理论和方法的可行性。

(一)教学实验的类型

在对体育教学进行研究的过程中,按照教学实验过程中所涉及的因素,可以将教学实验分为单项实验、综合实验和整体实验三种类型。

1. 单项实验

单项实验实际上是根据实验对象或实验因素而命名的,所以单项实验实际上就是对体育教学研究过程中的一个因素进行操作,以观测其行为效果的实验。在单项实验的操作过程中,实验者能够有效地控制实验变量,把握实验进行的方向。

2. 综合实验

综合实验就是在体育教学研究过程中,对其中有着共同特性或者有着密切联系的内容进行综合研究的一种实验。综合实验一般适用于对有着密切联系的几个因素进行操作,便于对实验进行整体性的控制。

3. 整体实验

整体实验是对体育教学过程中某一个独立的整体结构进行全面的、深入的实验操作。整体实验相对而言是一个规模较大的实验,需要统一地区的体育教学研究者共同参与,并且在实验过程中要兼顾体育教学过程中涉及的诸多因素。

(二)教学实验的基本因素

任何一个完整的教学实验都是由自变量、调节变量、因变量和干扰变量共同组成的,每一种变量都在实验中发挥着重要的作用,应该处理好这几个变量之间的关系,以保证实验的有效性。

1. 自变量

所谓自变量,就是不固定的因素,它会随着外界环境的不同而发生变化。虽然自变量难以有效地加以控制,但是自变量的有效利用能为教学研究带来意想不到的效果,促进教学研究成果的不断优化与完善。

2. 调节变量

调节变量一般也可称为次变量,在实验过程中它会导致自变量发生改变。由于调节变量有助于研究者对自变量效能和性质的研究,促进教学实验的进行,所以认识和研究调节变量具有重要意义。

3. 因变量

因变量实际上就是自变量的附属体,是在自变量不断变化下产生的一种变量。例如,在体育教学过程中,大学生的发展会导致教学模式的变化。因变量是为了保证自变量更好地发展而存在的。

4.干扰变量

干扰变量是不利于教学实验研究的变量,其存在会对教学实验产生不同程度的干扰,影响研究者对教学实验的归纳和总结。因此,在教学实验过程中,应该严格地控制干扰变量,以防对教学实验造成不利影响。

(三)教学实验设计

教学实验设计是教学实验的中心环节,也是教学实验过程中最为重要的环节,教学实验设计的好坏直接影响到实验成果的质量,继而影响整个体育教学研究的效果。因此,在教学实验过程中,要注重对实验设计的掌握,对教学实验而言,其所涉及的实验设计一般包括以下几类。

1.单组末测实验设计

单组末测实验设计是教学实验过程中经常采用的一种实验设计方案,方法是从所实验的对象中挑选一个班或是一个实验小组,对这个班或实验小组引入一个与体育教学研究有关的变量,在经历了一段时间之后,收集这个班或实验小组的测评结果,然后将这个测评结果与最初的状态相比较,这样就可以进一步证实实验效果的真实性。

2.单组始末测试实验设计

单组始末测试实验设计能够帮助研究者更清楚地了解小组在实验前后的水平,以确定实验效果的好坏,能够使实验效果更具有说服力。这样的教学设计一般适用于较容易把握的教学变量,但是不适用于一些研究者无法把握的变量。

3.单组纵贯重复始末实验设计

单组纵贯重复始末实验设计实际上就是通过实验效果的反复对比,确定实验的效果。这样的实验设计十分强调充分对比的周期性,应尽可能地保证实验对象的稳定性。

四、测量法

测量法顾名思义就是利用某种工具或器材进行测量,进而得出测量数据,利用这些测量数据对教学进行把握和研究的方法。下面对测量法进行简单的介绍。

(一)测量的类型

由于体育教学涉及的内容较多,因此体育教育研究中的测量包括物理量的测量和非物理量的测量。所谓物理量的测量,是指利用某种直观的器械进行测量,从而得到具体数据的过程,如大学生的身高、体重、血压等。非物理量的测量是指利用简单的器械无法获得测量的结果,只能借助某种标准进行比较或是统计的测量方法获得,如心理承受能力、社会适应能力、人际交往能力等。

(二)测量的效度和信度

对于任何一种测量而言,测量的准确性和可靠性是保证测量质量的两个基本要素,下面对测量过程中的效度和信度进行基本的分析。

1.测量的效度

测量的效度是指测量所得到数据的有效性。对任何一项研究而言,测量得到的一定是研究过程中所需要进行分析的数据,是研究的条件和依据。为了保证研究的科学性,就需要保证测量所得数据的效度,主要包括以下几个方面。

(1)内容效度

内容效度指的是测量内容的有效性,主要是表现所要测量内容的特征。例如,要测量一个年级大学生的体能特点,那么所应该测量的对象和内容就应该是大学生的体能,这就是内容的效度。

(2)结构效度

结构效度是达成所测量内容的一种方法和构想,就是检验测量数据是否真正关系到所要研究问题的理论构思。例如,成绩测量的结构效度,强调以分数来解释测量过程和方法,而不是以大学生的年龄或是体能。

(3)同时效度

同时效度是选用一种已经被认为有效的测量作为标准,在测量的过程中,由测试者根据在新测试和有效测量中分别获得的数据来估计效度的高低。例如,对大学生表现成绩进行测量的时候,由大学生和教师按照拟订好的测试标准进行打分,如果得分结果相差不大,那么就说明这一测试的效度较高。

2.测量的信度

测量的信度又被称为测量的可靠性,这是对测量结果和过程真实性的评价指标,如果测量的信度较高,那么不仅受到外界干扰的概率较小,同时测量的效度也会较高,能够准确无误地测量出测量对象的特征。测量过程中无关变量对测量结果的影响较小,那么测量的信度就会越高。为了保证测量结果的准确性,通常要对测量信度进行检测,检测的方法一般包括重测法、复份法、分半法和内部一致性法。

(1)重测法

重测法表示测量过程的重复性,为了更好地检测某种测量方法和标准的测量效度,在测试一段时间后,以同样的方法和标准再次进行测试,如此反复,通过两次或是多次测量数据的对比,分析测量信度的高低。

(2)复份法

复份法就是在对统一测试对象进行测试的时候,用两份资料或者试题进行测试,然后计算并分析两种测量所得数据的关系。这样一方面能够避免重复测试给被测者带来精神上的疲劳,另一方面也能有效地提升测试的效度。

(3)分半法

分半法是在测量的过程中将测试的全部试题分为奇数部分和偶数部分,经过一次测量之后,检测两边分数的关系。分半法较前面两种测试而言较为简单。

(4)内部一致性法

内部一致性法是目前较为流行的且效果较好的一种测量方法,它是指经过对被测试者和测试内容的分析,从测量的构思层次入手,使得测试的项目形成一定的内部结构,并根据内部结构的一致程度判断测试的信度。

(三)测量法的要求

测量法是体育教学研究中较为常见的一种方法,以数据为主导,因此在测量的过程中强调数据的真实性,其要求主要包括以下几个方面。

1. 数量化

教学研究中的测量法与其他方法最本质的区别,就是把所研究事物的某种属性或是特征以数据的形式表现出来,并且用可以比较的数字计算结果。

2. 保证测量的效度和信度

由于测量法主要是靠数据反映,因此,应保证测量的效度和信度,这是衡量测量科学性和有效性与否的关键因素之一,所以对于测试者而言,测试过程中应该尽量排除无关变量的干扰。

3. 采用适宜的数据处理方法

测量得到的数据是测量结果进行参考、比较的依据,因此在测试的过程中,除了要保证测试的效度和信度之外,还要强调数据单位的一致性,并采用适宜的数据处理方法。

第二章 高校体育教学内容

21世纪的教育是培养全面发展的"完整人"的教育,随着这种教学理论的不断发展,体育教学在高校教育中的地位也在不断提高。由于体育教学内容是体育教学的载体和依据,因此,在开展体育教学的时候应尤其注重对教学内容的梳理和编排。除此之外,体育教学所涉及的内容素材很多,再加上这些素材主要来自生活、军事、文艺等方面,因此体育内容素材具有多功能性。由于体育教学中涉及的因素较多,所以体育教学又具有复杂性。从对体育教学内容的分析可知,虽然体育教学内容各素材之间缺少逻辑性的联系,但是由于它们均是来自实践的总结和归纳,因此,各素材之间有着自己的层次和类别。

第一节 体育教学内容概述

体育教学内容是体育教学工作者在进行体育教学时的主要参考,因此体育教学内容在体育教学中占据非常重要的地位。再加上体育教学内容所涉及的知识点较为繁杂、宽泛,因此,对于任何一名体育教学工作者而言,体育教学工作必须建立在对体育教学内容充分了解的基础上。

一、体育教学内容的概念

体育教学内容是依据当前国家总的教育方针和社会对体育教学的需求选择出来的,根据对大学生身体条件和高校教学条件的深入分析和研究,在体育教学环境下传授给大学生的一种体育锻炼活动。

体育教学内容是根据体育教学的目标进行选择的,是根据大学生在成长过程中的发展需要以及体育教学过程中必备的教学条件最终整理而成的,并且是根据社会需求的发展而不断变化的。

体育教学内容主要是针对教学对象的大肌肉群的运动进行的,其具有很强的实践性,主要包括身体的锻炼、运动型教学的比赛、运动技能的获取等。

二、体育教学内容与体育运动内容的区别

众所周知,体育教学内容是保证体育教学正常进行的有力保障,但是其与体育运动内容之间却有着非常细微的差别。作为一名体育教育者或是研究者,清楚地掌握它们之间的差

别,有助于不断深入地了解体育教学内容。经过深入的分析和研究,对体育教学内容和体育运动内容之间的区别介绍如下。

(一)服务的目的不同

体育教学内容是以教育为主的,其服务的目的是促进大学生身心健康的发展,其内容偏于理论性,对教学活动具有指导意义。体育运动内容是以提高竞技运动水平、夺取胜利为主的,其服务的目的较偏重于教学内容的娱乐性和竞技性,对教学活动而言具有很强的实践性。

(二)内容的改造要求不同

随着时代的不断进步,体育教学内容需要根据时代的变化和社会的需求不断改变,以保证体育教学内容能够满足社会培养人才的需要。因此需要对体育教学内容进行必要的改造、组织和加工,而体育运动内容不必进行这种改造。

三、体育教学内容的发展

体育教学内容和其他教学内容一样,也是随着社会和教育事业的不断发展而发展的。但是,与其他教学内容相比,体育教学内容的形成和完善还处于发展的阶段。体育教学内容的发展主要来源于以下几个方面。

(一)体操和兵式体操

古代体育的主要形式是兵式体操,由国家的专门机构指导参加训练的士兵进行列队、射击、剑术等战术问题的操练。后来,随着兵式体操训练的不断改进和制度的不断优化,体操最终成为今天体育教学中的内容之一。

(二)竞技类体育运动

我国早期出现的竞技类体育运动有骑技比赛、蹴鞠等,后来,随着人们对这类竞技类体育运动的兴趣不断激增,这类体育运动的发展日趋完善,最终成为一种正规的体育运动。工业革命以后,随着人们生活水平的不断提高,英美的体育游戏迅速地发展成为一种近代的体育运动,如足球、篮球、棒球等。而后随着不断的殖民扩张,这些体育运动最终传到世界各地并流行起来,迅速地在各国的高校教育中开展。再加上这些体育运动具有很高的娱乐性,因此深受广大大学生的喜爱,最终演变成体育教学活动中的重要内容。

(三)武术和武道

在古代的体育教育中,体育教学多是以武术教育的形式体现的,体育教学内容也大都是一些具有军事针对性的武术内容,这种运动不仅可以强身健体,而且还能防身,因此迅速成为当下流行的一种体育教学内容,在社会上展现出独特的魅力,这也构成了"武术"和"武道"的基础。再加上这些运动在对人的精神和意志方面的培养有其他理论知识和教育学科达不到的作用,因此,这种类型的体育活动深受人们的关注和喜爱。鉴于这种原因,由"武术"和

"武道"原型构成的运动项目成为体育教学中的一种正式的教学项目,受到很多国家的关注。

(四)舞蹈与韵律性体操

舞蹈是人类最古老的艺术形式之一,是从古至今人们最喜爱的一种活动。在社会发展的历程中,随处可以见到舞蹈的影子,研究各国文化发展的历史可以发现,舞蹈是世界上很多国家民族文化的重要组成部分,在民族文化的形成、民族之间的交流中占据举足轻重的地位。除了舞蹈之外,韵律性体操也因为很多体育爱好者追求美感和锻炼效果,逐渐登上体育锻炼的舞台。在韵律性体操的基础上又出现了艺术体操、健美操等。传统舞蹈经过不断的改进和提升,形成了多样的民族舞蹈、体育舞蹈等。舞蹈和韵律性体操能够陶冶身心,并且在培养机体的美感和节奏感等方面也具有非常重要的作用。因此,舞蹈和韵律性体操逐渐成为体育教学内容的重要组成部分。

研究表明,以上几类体育教学中所涉及的内容在体育教学中占有的比例不同,并且每个国家在进行体育教学的过程中对其重视的程度也有所不同。

四、体育教学内容的特点

(一)体育教学内容的功能具有多样性

体育教学内容起源不同,又受到所处文化形态的影响,这就决定了体育教学内容具有不同的功能,人们对体育教学内容的判断也必然会受到其传统起源的影响。因此在进行体育教学的时候,要遵循因材施教的原则,这样才能保证体育教学的顺利进行。

(二)体育教学内容的更新速度较快

体育教学本身对实践性要求较高,体育教学中所涉及的因素也非常多,受当前有关体育教学方针的影响,再加上体育教学本身受到地域、经济、政治、文化的影响较大,因此体育教学工作者在进行体育教学时的工作难度较大。要想与时俱进地开展体育教学,就要根据社会的需求不断地更新教学内容。

(三)体育教学内容之间是一种平行的关系

体育教学虽然涉及的内容较多,但是各内容之间并没有太多的联系和牵制,各内容之间是一种平行的关系。如跑步和跳远之间,就是相对平行的两种内容,在教学过程中,两者之间没有太大的联系。

(四)每一种体育教学内容被赋予的教学任务不同

体育教学内容具有很强的时代性,不同时代的人对于体育教学的要求不同,因此,每一种教学内容所承担的教学目标和任务也就不同,如在体育教学中开展各种体育锻炼是为了提升大学生的体育素质,进行比赛是为了培养大学生的团队精神、合作意识等综合素质。因此在进行体育教学或是选择教学内容时,应该仔细地分析教学目标,以便对教学内容进行梳理和选择。

五、体育教学内容与教育内容的共性

体育教学内容是教育内容的一个组成部分,它与教育内容具有一些共性,这些共性主要表现在以下几个方面。

(一)教育性

体育教学内容是对受教育者进行身体健康教育和心理陶冶教育的参考,当体育教学研究者和教学内容组织者将众多的运动项目选为体育教学内容的时候,首先想到的就是这些运动项目本身所具有的教育性。体育教学内容的教育性主要体现在以下几个方面。

1.有利于大学生身心健康

体育教学是通过指导大学生身体的运动和一些竞技性的小组活动,以促进大学生的身心健康发展而进行的一种教学。体育运动本身就是一种肌肉群的活动,它能够通过身体的锻炼来增强大学生的体质,通过各种小组教学活动和竞技类活动的开展来培养大学生的综合素质。

2.对大学生成长具有积极的影响

体育教学内容主要是一些具有深刻影响意义的内容,能矫正大学生的心态,培养大学生坚强的意志,影响大学生价值观的形成,对大学生的成长具有积极的作用。

3.内容的设计具有普遍性

体育教学内容所面对的是教学活动中的全体大学生,因此所选择的教学内容具有普遍性。所谓普遍性就是指教学内容要保证适应大多数人群,这样才能达到教学的统一,有利于教学的开展和进行。

(二)科学性

由于体育教学本身就是一种以高校教育为主要形式进行的有计划、有组织、有目的的教育活动,是以教育和培养大学生的健康发展为主要目的,因此体育教学内容也应该与高校教育范畴中的其他教学内容一样,保证其具有很强的科学性。体育教学内容的科学性表现划分为以下几点。

1.体育教学具有很强的针对性

体育教学的对象是广大大学生,其目标就是培养社会所需要的身心健康全面发展的人才。再加上体育教学内容是对人类文明的反映和表现,同时体育锻炼的实践性也使得人们不得不重视这一过程,因此体育教学具有很强的针对性。

2.教学内容符合大学生的需求

在对体育教学内容进行筛选的时候,为了保证体育教学内容能够更好地为大学生服务,体育教学研究者要对教学内容进行反复的筛选,使其能够符合大学生的身体发展需求和社会需求,同时体育教学内容具有很强的指导性,为教学过程提供参考和依据。

3.遵循体育教学的规律和原则

任何一门学科的教学都要遵循其特定的规律和原则,这是保证教学目标顺利实现的基本条件之一。体育教学牵涉的内容较多,较为复杂,为了保证教学过程能够按照目标的方向进行,在选择教学内容时应该遵循体育教学中特定的科学规律和原则,保证体育教学的科学性。

(三)系统性

体育教学是一门繁杂的学科,不仅涉及的内容较为繁杂,范围较为宽泛,而且对教学目标的要求也较高。因此,在进行教学内容的梳理时,应该根据知识之间的系统性进行组织和安排。通过对体育教学内容的研究可以发现,体育教学内容的系统性主要表现在以下几个方面。

1.教学内容本身的系统性

体育教学内容具有很大的复杂性,但是每一个知识内容之间又表现出一定的联系性和逻辑性。如安排低年级的大学生学习体育的时候,首先应该培养大学生的方向意识,先通过"向左转、向右转、立定、向后转"等一些简单指令培养大学生的方向意识,然后对大学生进行各种体育教学内容的训练。由此可知,体育教学内容本身就具有系统性。

2.体育教学目标的系统性

在体育教学的过程中,需要根据体育教学的特点、大学生的成长特点和教学环境等的研究,深刻地认识体育教学过程和教学内容之间的规律性。必须根据大学生的成长过程系统地、有逻辑地安排各个高校、各个年级的体育教学内容,并处理好它们之间的相互关系,将体育教学贯穿于教学的始终,这就是体育教学目标的系统性。

六、体育教学内容的特性

体育教学内容除了具有与教育内容的共性之外,还具有很多专属于体育教学的特性,这些特性在体育教学过程中发挥着非常重要的作用,主要表现在以下几个方面。

(一)实践性

众所周知,体育教学内容主要是一些具有教育意义的运动项目,并且需要大学生肢体和大肌肉群的共同作用才能完成,因此,运动实践是体育教学中的一个较为突出的特点。一般学科都是通过教师的课堂讲授,加上听、说、读、写等一系列训练完成教学任务的,而体育教学内容仅仅依靠听、说、读、写这种相对静态的方式是无法保证完成的,需要在特定的场地通过一定的体育运动才能完成。虽然国家规定的体育教学目标中包括对大学生的心理健康的教育,但是这种教育也是通过某种体育活动的开展让大学生体会到的。由此可见,体育教学内容具有实践性的特点。

(二)娱乐性

体育教学内容主要来源于生活、军事和艺术等方面,如武术来源于古代军营;体操、健美操、舞蹈来源于艺术行业;跑步来源于我们的日常生活。适当的运动或者竞赛活动会让参与者获得身心上的放松或者是身体上的改变,如篮球、足球、乒乓球等,这些运动能够丰富大学生的业余生活,促进大学生之间的交流,使大学生在运动中获得快乐,这就是体育教学内容娱乐性的表现。

(三)健身性

体育教学的目的之一就是增强大学生的体质,保证每一位大学生都能拥有健康的体魄。因为体育教学内容有很大一部分是以大肌肉群运动为形式的技能传授与练习,因此,很多能为身体带来动能的体育运动都会增加大学生身体中的运动负荷。再加上大学生正处于身体发育的关键时期,适当的体育运动能够促进他们的身体成长,提高他们的肺活量和身体承重力,不断地激发他们身体内部的潜能,从而达到强身健体的目的。

(四)开放性

体育教学内容和其他学科教学最大的区别就是体育教学内容具有很强的集体性,注重对大学生的人际交流能力、团队合作能力等社会性能力的培养和提升。再加上体育教学内容中所涉及的很多运动项目都是需要小组或者是集体共同完成的,并且需要全体成员充分地发挥自己的作用才能更好地完成,从这一方面来看,其教学内容具有很强的人际交流开放性,有利于大学生人际关系的培养。

第二节 体育教学内容的目标与要求

体育教学的内容来源于人类发展的各个时期,其教学内容的目标和要求都具有很强的时代性。这主要是因为体育教学内容由当地民众的文化水平、地域气候条件、社会政治经济发展状况、生产力水平、科学技术水平等因素决定。

一、传统性体育教学内容的目标和要求

传统性体育教学内容主要是指运用传统的教育方法对大学生进行体育运动技能培训的一种形式,是体育教学内容中一直存在的锻炼项目。虽然体育教学内容随着时代的不断更迭而持续变化,但是传统性体育教学内容因其积极的教育作用仍然在教育界中占据很重要的地位。下面将对一部分传统性体育教学内容的目标和要求进行简单的叙述。

(一)体育保健

体育保健教学内容的目标:通过体育保健基本知识和原理的传授,让大学生深刻地认识到体育教学在人的成长过程中的重要作用,学习体育运动对国家、社会的重要作用,从而激发大学生对体育锻炼的使命感,使他们自觉地参加体育锻炼。除此之外,通过体育保健基本知识和原理的学习,大学生能够了解一些体育学习的必要知识,形成对体育教学的正确

认识。

体育保健教学内容的要求：体育保健教学内容的编写应该结合当前社会的状况、大学生的实际需求等方面进行，并且精选一些对大学生的实际生活和成长有较重要影响作用的体育运动项目，保证内容的真实性和目的性。同时在对这类内容进行教学的过程中，要结合实际操作进行演示，有益于大学生掌握和接受。

（二）田径运动

田径运动是常见的运动项目，其主要包括跑步、跳高、跳远、投掷等内容。田径运动教学内容的目标：通过这项运动，大学生能够了解田径运动的一般规律和基本知识，清楚地认识到田径运动对他们成长过程中身体素质培养的重要意义，掌握一些田径运动相关的基本原理和方法，掌握一些基本的田径运动技能，通过生活中的不断练习，达到增强大学生体质的目的。

田径运动教学内容的要求：在设计田径运动教学内容的时候，不应该单单从竞技类运动的角度划分、分析田径运动的教学内容和作用，应该从文化、运动特点、技能作用等多方面进行教学内容的设计和组织，这样才能让大学生更科学地掌握田径运动的基本知识，并且将获得的田径运动知识和技能正确地应用到健身实践中去。由于田径运动会使肌体产生一定的负荷，负荷强度太高会对肌体造成一定的损害，强度太低则达不到运动的效果，所以在教学过程中，应该根据大学生的身体特点灵活地进行教学。

（三）体操运动

体操运动是体育教学中的重要组成部分，由于其对人体的平衡和形体的训练有着非常积极的作用，体操这一运动颇受广大大学生的喜爱。体操运动教学内容的目标：第一，在教师的指导下，让大学生充分地了解体操运动文化，了解体操运动对人体健康的作用；第二，让大学生掌握一些基本的体操运动技能和方法，使大学生能够在日常生活中使用体操来锻炼身体；第三，让大学生能够安全地从事体操运动，并且掌握一些体操比赛的基本常识和技巧。

体操运动教学内容的要求：体操不仅能锻炼人体的平衡性、协调性和灵活性，而且能对大学生进行心理方面的积极引导和教育。因此，要从竞技、心理和生理等多视角来对体操教学内容进行分析。在教学内容的编排上要保证一定的层次性，不能总是停留在低水平的层次上。在教学过程中，要根据大学生的身体特点，开展合理的训练，如有些平衡能力较差的大学生，应该对其进行更多有关平衡能力的练习，做到因材施教，这样才能保证教学质量的提高。

（四）球类运动

球类运动是一种常见运动，其主要包括足球、篮球、乒乓球等运动。由于球类运动是一项充满活力和竞技趣味的运动，因此很受当今的大学生喜爱。球类运动教学内容的目标：第一，让大学生充分地了解球类运动的基本概念和球类运动中的一些比赛规则；第二，使大学生能够掌握一些球类运动的技能和技巧,以及参加球类运动比赛的基本技能和常识性知识。

球类运动教学内容的要求:球类运动虽然是一项群众性的运动,但其技巧和方法较为复杂,因此在筛选教学内容的时候不能只对球类的单个技能进行教学,而忽视其与比赛之间的联系,否则就会失去球类运动的基本特性,同时还要注意教学内容选择的顺序性与实战性之间的联系。在教学过程中,要注重对技能的训练和对大学生团队合作精神的培养。

(五)韵律运动

韵律运动其实就是一些类似于舞蹈、健美操、体操等的运动项目,韵律运动与其他运动最大的区别就是将舞蹈与运动相结合,在音乐节奏的作用下,实现了两者的完美结合,因此,韵律运动是当今女性尤其喜爱的一种运动。韵律运动教学内容的目标:使大学生了解韵律运动的基本特征,了解从事这一项运动应该遵循的基本原则和规律,掌握一些基本的技巧和套路。除此之外,通过此课程的学习,可以帮助大学生塑造优美的形体。

韵律运动教学内容的要求:因为韵律运动是一项表现运动,同时又是一项塑造形体的运动,不仅涉及音乐、艺术方面的因素,还涉及美学方面的知识,因此,韵律运动教学内容应该从大学生审美观的培养、舞蹈音乐的了解和掌握等全面地、多角度地加以考虑。韵律运动教学内容还要强调对大学生创新能力的培养。

(六)民族传统体育

民族传统体育反映一个民族发展的历史,代表着这个民族的精神和文化。通过对民族传统体育的了解和研究,将其教学内容的目标确定如下:第一,借助这些民族传统体育的讲授,让大学生对民族文化有更深的了解;第二,使大学生学到一些民族传统体育的技能,如中国武术既可以防身又可以继承和弘扬民族文化。

民族传统体育教学内容的要求:在编排内容时,不仅要结合大学生的特点以及现代人的生活方式,而且要强调内容的文化性和实用性,特别是对民族传统体育文化背景和意义的介绍和揣摩。在教学过程中,要注意对大学生兴趣的培养。

二、新兴体育教学内容的目标和要求

随着社会的不断发展,人们生活水平日益提升,科技不断进步,促进了各国政治、经济、文化的迅速创新和发展。在这种社会背景下,新的体育运动项目也逐渐兴起。研究新兴的体育教学内容有助于优化体育教学的结构。通过对体育教学内容的不断研究和分析,将新兴体育教学内容总结如下。

(一)乡土体育

近年来,随着教育改革的不断深入,创新教育内容、不断地对课程资源进行开发引起了广大体育教学研究者的重视,一些具有积极锻炼意义、散发着浓烈的乡土气息的运动项目重新登上体育教育的舞台。这类乡土体育运动的教学目标是:让大学生对民间体育和民俗风情有更深的了解,使大学生掌握一些具有地区特色的民俗体育知识和技能,促进当地传统文化的继承和传播。

乡土体育教学内容的要求:由于这类体育项目来自民间,具有民俗文化的传播作用,因此,要注重其内容的文化性、安全性、锻炼性和规范性,同时剔除一些不利于文化传播或是非正能量传播的因素,摒除一些错误的实践。

(二)体适能与身体锻炼

随着社会对大学生的身心健康全面发展要求的不断提高,一些针对性较强的体育锻炼作为培养大学生身体健康的运动被正式带进课堂。这些内容与教师对此运动的实践技能的传授相结合,共同发挥着提高大学生的身体素质和运动素质的作用。体适能与身体锻炼教学内容的目标:体育教师应该通过这一部分的教学内容有效地锻炼大学生的身体,让大学生掌握更多实践锻炼和运动的原则和方法,帮助他们更好地提升运动技能。

体适能与身体锻炼教学内容的要求:由于这是对大学生体适能的锻炼,因此要结合大学生身体素质的状况,遵循体育锻炼时的基本规律,要注意锻炼的针对性、科学性和时效性,同时注意内容应该符合国家规定的关于大学生体质健康的实行标准。

(三)新兴体育运动

由于新兴体育运动教学的内容具有时代性,因此教师在教学时要注意对体育教学目标的掌握,现经过分析和研究,将新兴体育教学内容的教育目标总结如下:使大学生掌握一些比较流行的体育运动文化,提高大学生对新兴体育运动教学内容的兴趣,同时提高体育教学在终身教育方面的实用性,从而提高体育教学的质量。

新兴体育运动教学内容的要求:由于这是一种新兴的体育教学内容,所以在选用这种教学内容时,首先要保证其符合教学条件的基本要求,其次要注意体育教学内容的文化性、教育性、安全性和实践性,同时注意对教育内容的筛选,杜绝不利于大学生成长的体育内容。

(四)巩固和应用类课程的基本教学内容

巩固和应用类课程的基本教学内容是新课标要求下的一种教学内容,而且是随着活动课程的发展而不断形成的,其教学内容的目标是:通过此类教学内容的学习,巩固大学生有关体育教学的基本知识和技能,并能够将其与运动实践相结合,借此提高大学生的体育锻炼技能以及在参加体育活动方面的常识和能力。

巩固和应用类课程的基本教学内容的要求:在选用教学内容时,应该注意将其与学科内容和体育教学内容完美地融合,同时注意对内容的延展性和应用性的掌握,注意对大学生在体育教学活动中的创新能力和创新意识的培养,使大学生能够进一步拓展所学习到的知识和技术。

三、我国体育教学内容的发展和改革

(一)体育教学内容的发展趋势

体育教学内容都是从人们传统的生活方式和生活习惯中演变而来的,但是由于时代不同,体育教学内容也产生了不同程度的变化。

1. 正规的体育运动项目迅速兴起

人们对体育教学的认识以及对体育教学的重视程度逐渐提高,随着现代竞技体育运动的不断兴起和普及,其逐渐取代了乡土体育教学内容。

2. 对体育教师的要求较高

虽然随着新课标的推行,体育教学内容的数量正在不断减少,但是随着体育大纲教学目标的强度不断加大,体育教学内容的难度也有所增加。这就要求承担体育教学工作的教师必须由受过专门体育训练的人员担任。

3. 体育教学的娱乐性因素在减少

随着教育事业的不断创新和发展,体育教学也在素质教育的推动下逐渐发挥了重要作用。目前,体育教学已成为社会培养全面发展人才、培养健康体魄大学生的重要途径。在这一背景下,体育教学逐渐淡去了其本身具有的娱乐性,加大了对锻炼性的要求。

4. 运动器材的正规化

体育运动已经作为一种正规的体育教学手段被推上了教育的舞台,并且得到了足够的重视。随着科学技术的不断发展,一些新兴的具有锻炼意义的正规体育器材,也被应用于教学情境中。

(二)体育教学内容的改革

体育教学内容虽然日益正规,却很单调,技术难度在不断加大,但是娱乐性在不断减少,长此以往,大学生会逐渐地降低对体育运动的兴趣,针对这种情况,必须进行以下体育教学内容的改革。

1. 改变体育教学内容中的生硬化

体育教学内容的生硬化将会使体育教学变得枯燥无味,并降低大学生对体育运动的兴趣,不利于教学效果的加强和教学质量的提高。因此,当前应该改变体育教学内容生硬化这一现象,使大学生重新燃起对体育运动的兴趣。

2. 解决体育教学内容与大学生社会体育活动之间的差异

体育教学内容的原型来源于人们的日常生活,也正因如此,使体育教学内容与大学生社会体育活动联系起来,有利于大学生掌握和巩固体育知识和技能。因此,应该改变体育教学内容与大学生社会体育活动之间的差异,推进体育教学的群众性和实践性。

3. 提高大学生的体育兴趣

兴趣是促进大学生更好学习的催化剂,但是随着近几年来体育教学内容去娱乐性的特点,很多大学生觉得目前较为正规的体育教学变得枯燥无味,逐渐对体育学习失去了兴趣。这对于体育教学而言是非常不利的,因此,教学内容应该重视其娱乐性,提高大学生对体育学习的兴趣。

4. 多增加一些具有民族性的体育内容

体育教学内容中应该多增加一些具有民族性的体育教学内容,提高大学生对民族文化的认识,促进民族体育文化的传播。

第三节 体育教学内容的分类和层次

一、体育教学内容分类的重要性

对内容进行层次和分类研究的主要目的是对这些内容进行整合和归类,据此加深人们对此内容的认识。对体育教学内容的层次和分类进行研究的目的,也是为了在体育教学的过程中,便于体育教师对教学内容的梳理和讲授,建立更加清晰的体育教学内容体系,保证体育教学内容与体育目标之间的联系更加紧密,也便于体育教学工作者对体育教学过程进行合理安排。

但是,由于体育教学内容较其他学科的教学内容而言具有很大的特殊性,再加上体育教学内容所涉及的知识较为复杂,因此,体育教学内容的分类一直是困扰体育教学工作者和研究者的主要问题。自从体育教学逐渐成为高校教学内容之一并受到普遍关注以来,体育教学研究者就对体育教学内容进行了很多不同的划分和研究。因此,体育教学内容的划分是一个多角度、较为复杂的工作,这主要还是由体育教学内容的复杂性决定的,也是由体育教学内容的多功能性、多价值性决定的。

我国在进行体育课程和教材建设的过程中,很多体育教学研究者遇到了体育教学内容分类上的难题,虽然这是体育教学研究者一直致力研究和解决的问题,但是从目前来看,其结果不容乐观。这也直接影响了我国体育教学的发展和进步。

二、体育教学内容分类的方法和层次

(一)体育教学内容的分类方法具有多样性

体育教学内容的分类具有多样性,这种多样性主要取决于体育教学内容研究者观察审视体育教学内容的角度和方向。因为体育教学内容较为繁多复杂,因此在对其进行分类的时候,要多角度地、全面地对内容进行分类和整理,保证其内容的合理性和科学性。

(二)注意体育教学内容的层次性

为了避免体育教学内容的分类较为繁多,可以先根据其层次的不同进行具有层次性的分类,然后在此基础上对其进行系统的分类,这样的分类方法较为清晰明了,而且便于教学的开展。例如在进行篮球教学的时候,首先进行运球技术的教授和训练,然后进行传球技术、投球技术的训练,这样有层次的教授和练习有助于大学生对知识和技能的掌握。

三、我国体育教学内容的分类

对于我国体育教学内容的分类,一直以来都是体育教学中的主要难题,分类的科学性与否直接关系到体育教学活动能否顺利开展,关系到体育教学质量的高低。因此,对体育教学内容的分类是体育教学研究中的重点工作。但是,目前我国体育教学内容的分类还缺乏对理论知识的理解,并没有具体指明所建立的层次。

(一)交叉综合分类法

我国推行的体育教学内容的分类方法是"交叉综合分类法",这种分类方法能够使教育工作者多角度、全面地进行体育教学。根据《体育教学大纲》编写者的说明,所谓的"交叉综合分类法",实际上就是将体育教学内容所涉及的运动实践部分的内容按照运动项目和身体素质两个方面进行分类,将"发展身体素质练习"和"各项运动教学内容"放到一起进行教学。

但是,在"交叉综合分类法"中,将"发展身体素质练习"和"各项运动教学内容"放到一起教学,首先就是违反了"同一划分的根据必须统一"的原则,即在对体育教学内容进行同一划分时必须以统一的标准为依据,而且要保证在此分类基础上所进行的子项分类不相互排斥,而是相互包容,因此,"交叉综合分类法"对于体育教学内容的划分是存在缺陷的。

(二)根据教学目的进行分类的方法

如果利用"根据教学目的进行分类"的方法,首先应该确定体育教学内容分类的上位——以"教学目的进行分类的方法",在此基础上,再将下位的分类的内容进行稍微改动,就能实现对体育教学内容的科学、正确分类,这样不仅不会造成体育教学内容在分类上的混乱,而且能促进大学生对体育运动技能方法的学习。

通过对体育教学内容的掌握和研究以及对大学生特点、教学特点的研究,将体育教学内容分类的优点总结为以下几个方面。

1. 明确教学的方法和目的

以"教学目的进行教学内容的分类"的方法,结合大学生特点和教学特点进行科学的规定,能够使教学的目的性和教学方法的应用更加明确,为体育教学的开展指明了科学的道路。

2. 保证竞技运动知识和技能的学习

受传统教学模式的影响,即使在对大学生进行体育教学的时候,教师也难以避免地对大学生进行"体育技能竞赛为目的的教学内容的编排",这样就难以发挥体育教学内容的全面性,难以保证体育教学目标的顺利实现。以"教学目的进行分类"的方法,能够按照大纲要求的目的进行体育教学内容的编排,打破以"竞赛为目的的教材编排体系",从而使竞技运动知识和技能得到保障。

3. 能够避免内容上的重叠

体育教学内容繁多复杂,在对其进行分类的时候,按照传统的分类方法进行分类,难以避免地会造成内容的重叠或是遗漏。采用以"教学目的进行教学内容分类"的方式,对教学内容首先进行简单的层次分类,然后再根据每个层次内容属性的不同进行具体的分类,这样一方面便于内容的整理,另一方面也利于教学工作的进行。

4. 对体育教学的指导性增强

体育教学内容是进行教学实践的指导和基础。"教学的指导性"同时也是进行教学内容编写的要求。如何对体育教材进行分类并不是简单的教学问题，它是以科学的理论为依据，需要对教学过程提供指导的。因此，对教学内容的合理分类能使教学目标与内容之间形成良好的对接，从而增强体育教学的指导性。

四、体育教学内容分类的注意事项

对体育进行教学内容分类的目的就是对内容进行科学的整理，使内容与教学目标之间形成无缝对接，完成教学目标、方法等的相互贯通，向体育教师更清晰地传达体育教学课程和教学内容的目的，从而指导体育教学的进行。由此可见，体育教学内容的分类和整理在教学过程中占据着非常重要的作用。

（一）教学内容的分类要服从教学目标

体育教学内容的分类并不是一成不变的，而是要根据社会和国家的教育方针和教育目标的要求不断变化，而教学目标是随着时代的变化和人们需求的不同而逐渐变化的，所以固定的体育教学内容的分类也是不存在的。因此，体育教学内容的研究者和教材的编写者在对体育教学内容进行分类的时候，要不断地更新自己的时代观念，关注社会体育教学目标的变化，使教学内容的分类更好地服从教学目标。

（二）教学内容的分类要具有科学性

体育教学内容的分类是体育教学过程的指导依据，是实现体育教学目标的根本保障。因此对体育教学内容进行分类的时候，要保证其符合教学大纲的根本要求和原则，同时要有科学的观念，这样才能保证体育教学内容的分类能够更好地指导体育教学过程的顺利进行。

（三）教学内容的分类要具有阶段性

体育教学贯穿高校教育的始终，但是个体的成长具有阶段性，不同年龄段的大学生对知识和技能的接受能力不同，加之体育教学大纲对各个年龄段大学生的教学要求和目标是不同的，所以在对体育教学内容进行分类的时候，应当具有阶段性，结合大学生身体发育的阶段进行教学内容的编排。

（四）教学内容的分类应为教学实践服务

体育教学对实践性要求较高，实践性是体育教学的一个显著性特征。在进行体育教材分类的时候，首先应该对教材的内容按照其实践性的强弱进行适当的划分。对实践性要求较强的体育教学内容，多安排其实践环节；对实践性要求较弱的内容，根据其性质多安排其理论课程的讲授，这样才能全面掌握教学内容的重难点。

（五）要明确教学内容的选编原则

随着社会对体育教学要求的不断提高，需要通过体育教学研究对体育教学内容进行调整和优化，为了保证体育教学内容更有利于大学生的成长和发展，首先应该保证体育教学内容的科学性。因此，体育教学研究者首先应该明确体育教学内容的选编原则，这也是进行体育教学研究的必备条件。

(六)掌握和了解体育校本教材

体育校本教材是体育教师在指导大学生进行体育活动时的参考基础,也是教学内容的载体,无论是哪一个层次的体育教学研究,其条件都是建立在对校本教材加以了解的基础上,掌握当前情况下体育教学的基本内容以及编写方案,为研究提供更多的理论基础和现实依据。

(七)研究和了解体育教案

体育教案是体育教师在进行体育教学时的方案和步骤,是体育教学能够顺利进行的前提条件。开展体育教学研究的最终目的就是提高体育教学的质量,其中包括教师的教学方法和策略。对体育教案的研究和了解,能够帮助体育教师认识到体育教学内容研究层次的划分方法和要求。

(八)了解和掌握体育教学条件

体育教学的实践性极强,为了保证体育教学的顺利完成,首先应该保证良好的物质条件和适宜的教学环境。良好的物质条件为体育教学提供了基础,例如,我们在开展体育教学的时候,高校需要提供诸如单杠、双杠、铅球、跳绳等一些能够保证体育运动项目顺利完成的物质条件。如果没有这些物质条件的依托,体育教学就会成为一纸空谈,无法落到实处,无法发挥其重要作用。适宜的教学环境同样也是体育教学的必备条件,大学生只有在适合开展体育教学活动的环境中,才能真正融入体育教学活动;并且适宜的教学环境能够确保大学生在体育教学活动之中的安全,避免不利于大学生安全的事件发生;与此同时,适宜的教学环境能够促进师生之间的交流和互动,促进体育教学质量的提高。因此,在从事体育教学研究的时候,首先应该清楚地了解体育教学条件,只有清楚地掌握体育教学条件,才能在此基础上对所得的教学方案进行可行性研究和分析。

第四节 体育教材化及其内容

任何一个学科都有其教材化的划分,这是高校学科教学的根本特点之一,为了保证体育教学的正常开展,体育教学工作者应该重视对体育教材化的研究,为体育教学过程提供良好的教学素材,保证教学工作的正常进行。

一、体育教材化的概念

体育教材化是依据体育教学的目的和大学生发展的需要,针对体育教学的条件将体育的素材加工成体育教学内容的过程。体育教材化的概念包括以下几层含义。

第一,体育教材化实际上就是将体育教学过程中的素材进行筛选、加工、编排,最终使其成为教学内容的过程,这是体育教材化最本质、最基础的含义。

第二,体育教材化侧重于对体育教学内容的加工和整理,体育教材也是加工的成果。

第三,体育教材化是依据大学生的学习目标,结合大学生的身体发育的特点和认知规律,以为大学生创造有利的教学条件作为前提而加工完成的。

二、体育教材化的意义

纵观我国体育教学的现状以及特点,其涉及的内容非常广泛,它们有的来自人们的日常生活,有的来自传统的习俗,有的来自军队,这些都是体育教学内容的良好素材。但是这种素材绝不能被简单地认为是体育教学内容。如果我们将体育教材等同于体育教学内容,那么就无法保证教学过程的目标一致性,因为体育教材只是体育教学内容的参考,在教学的过程中,教师还应该根据体育教学的目标以及教学环境进行教学内容的筛选。

体育教材化的意义分为以下几点。

第一,体育教材化是选择体育教学内容的依据和前提条件。在教学内容的选择过程中,可以选择一些与教学目标和大学生的发展需要联系较为密切的知识作为教学内容,这样就可以避免教学内容的繁杂,避免教学内容选择过程中的目的性不强等问题。

第二,体育教材化是对较为宽泛的体育教学内容的加工,这样可以使体育教学内容的选择素材更趋近于教学目标和教学实际,消除体育教学素材与体育教学内容之间的差异,使体育教学内容的选择更具有目标针对性。

第三,体育教材化是对体育教学内容进行不断编排、整理、选择的过程,因此通过体育教材化对教学内容的加工,可以使得选择的体育教学内容具有整体性和系统性,这样体育教学工作者在教学过程中也能更好地发挥教学内容的教育作用。

第四,体育教材化能够通过将体育教学内容进行加工和整理,使得原本抽象的教学内容具体化,更容易融入教学活动之中,更容易被大学生接受,从而使得体育教学内容成为教学活动的依据,保证教学能够有条不紊地进行。

三、体育教材化的层次

体育教材化有以下两个基本的层次。

第一,编写体育课程标准和教科书的工作,这是体育教材化的第一个基本层次。体育教科书是体育教学过程的参考依据,任何一门学科的教学都需要教科书的指导。这个层次的工作一般是由国家和地方的教育行政部门完成的,因为这是整个国家和地区的体育教学过程的参照。编写体育课程标准和教科书的工作,主要是根据教学目标和当今环境,进行教材的分类和加工,然后将所得的成果作为体育教学的教科书,供体育教学使用。

第二,依据课程标准和教学大纲以及教学目标,将体育教材变成大学生学习的内容,这个层次的工作一般由高校的体育教研小组担任。体育教材中的有些教学内容只要求大学生了解,有些教学内容需要大学生掌握。因此,高校的体育教研小组需要结合体育教学目标以及不同年级大学生的身心发展的规律和特点,把体育教学内容进行细分和细化,使其在体育教学目标的大前提下,更加符合某一个班级或是某一层次大学生的学习需求。

四、体育教材化的内容

(一)体育教学内容的选择

体育教材化实际上就是对体育教材的整理和加工。所谓的整理和加工就是从宽泛的体育教学素材中选择较符合教学目标、大学生身心发展需要和高校基本条件的内容。由于体育教学内容涉及的范围非常广,因此在进行教学内容的选择时,应该遵守体育教学内容选择的原则和程序。

1.选择体育教学内容的原则

要选择符合教学发展需要、目标针对性较强的体育教学内容,首先应该清楚选择体育教学内容的原则。选择体育教学内容的原则有以下五条。

(1)统一性原则

体育教学内容最终的服务对象是体育教学目标,因此教学内容与教学目标要统一,实际上就是指所选择的体育教学内容要有其相对应的体育教学目标,如在体育课上,要求大学生进行一些诸如跑步、跳远等体育运动项目,实际上是为了增强大学生的体能;让大学生练习单脚站立,是为了提升大学生的身体平衡能力;要求大学生进行小组赛,是为了培养大学生的团队合作能力等。在选择体育教学内容时,坚持教学内容与教学目标统一性的原则,一方面能够保证所选择的教学内容的科学性、安全性;另一方面,对大学生而言,还具有很强的身体锻炼价值。

(2)科学性原则

体育教学内容选择的科学性原则,实际上就是指所选择的体育教学内容要有利于大学生的身体发展,能够促进大学生身体素质和运动技能的提高,同时所安排教学的内容要在大学生的身体承受范围之内。在进行体育锻炼的过程中,不能出现有损大学生健康的行为,如不根据大学生身体发展的特点而对其实施超负荷的教学任务,导致大学生身体的某项机能受到损害。所以,在对体育教学内容进行选择时,坚持科学性的原则,这主要包括两个方面:第一,能够促进大学生身心健康的发展,有助于增强大学生的身体运动能力;第二,保证教学环境和教学实施条件的安全性。

(3)可行性原则

可行性原则是教学内容选择的基础,是教学过程的基本要求,如果选择的教学内容不具有可行性,那么教学内容的选择就失去了意义。如一个没有足球场地的高校,要加强大学生的足球运动技能的培养,这种教学内容是不具备可行性的,因为场地限制了这项教学内容的顺利开展。可以看出,可行性原则是指所选择的教学内容能够符合地区大部分高校的物质条件和教学能力以及大学生实际情况的需要。再完善的教学内容,如果没有教学场地和各种器材的支持,也不具备任何实用性的意义,都不应该被选中。

(4)趣味性原则

趣味性原则是指选择的教学内容要能激发大学生的兴趣,能使更多的大学生参与其中。

例如,很多大学生喜欢上篮球课,这是因为篮球运动是当下最为流行的运动之一,大学生可以借助这项运动充分地展示自己的活力,并能在运动中感受到乐趣。从大学生的角度而言,体育运动带来的乐趣是大学生参加体育教学活动的动机和目的,只有保证教学内容的趣味性,才能提高大学生的参与热情,使大学生能够积极主动地参与到体育教学过程之中,进而提高体育教学的质量。

(5)特色性原则

现在很多的体育教学研究资料显示,将地域特色融入体育教学之中,不仅能够促进体育走进日常生活,同时还能不断开发体育教学的特色,充分地发挥体育教学的创新性,提高人们对体育学习的热情。例如,因为舞龙文化而出名的奉化地区,在进行体育教学内容的选择时,就将舞龙作为教学内容之一,这就大大提升了体育教学的地域特色,以较为贴近大学生生活的教学内容,提升了大学生对体育教学的参与热情。换言之,高校开展体育教学的目的就是提升大学生的体能,因此,在选择教学内容时,也要尽可能地与地域特色相结合,以增加体育教学的实效性。

2. 选择体育教学内容的程序

选择体育教学内容并不是盲目地进行,而是依据一定的程序,这样才能保证所选体育教学内容的清晰性。在选择体育教学内容时,需要一个可以操作的、优化的操作程序。

(1)确立教学目标

教学目标在教学内容的选择过程中占据着非常重要的地位。在选择体育教学内容时,应该坚持教学内容与教学目标相统一的原则,如果某些教学内容与教学目标不相统一,那么就应该删除。

(2)确保健身性和安全性

为了保证体育教学目标的顺利实现,根据教学的目标和需求选择了一些体育教学内容,但是有时这些体育教学内容并不能成为教学的最终内容,因为教学内容除了要符合目标性的原则之外,还要能够符合健身性和安全性的原则,这也是教学内容科学性的基本要求。

(3)判断教学实践的可行性

对体育教学内容的选择经过以上两个程序之后,接下来就应该判断这一教学内容是否具有实践的可行性。因为如果一种教学内容不具有可行性,那么即使再好也没有任何的意义。因此,判断教学内容的可行性与否,是教学内容选择的第三个基本程序。

(4)判断教学内容的趣味性

如果一项体育教学内容不具有趣味性,那么将很难被大学生接受,即使其满足以上三个程序的要求,但是最终也不能保证教学能够顺利开展以及教学目标的实现。

(5)符合终身体育教学观念

体育教学是终身体育教学和社会体育教学的基础,因此,在体育教学的开展过程中,要重视体育教学内容与社会和地区运动文化之间的关系,尽可能地把体育教学内容与社会和地区体育教学文化相结合,这是体育教学内容选择的第五个程序。

为了保证体育教学内容的科学性和可操作性,应该按照以上五个程序进行教学内容的选择。

(二)体育教学内容的编辑

体育教学内容的编辑也是体育教学内容选择的环节之一,人们通过对体育教材的研究和分析,将体育教学内容编辑的相关内容整理如下。

1.体育教学内容的分类

因为体育教学涉及的内容较为宽泛,为了保证教学过程的系统性和整体性,在对体育教学内容进行编辑的时候,应该按照其特点和性质,进行简单分类。

2.体育教学内容的编辑原则

体育教学内容大多源于人们的日常生活,涉及的内容也较多,因此,体育教学内容的编辑一直都是体育课程和教学理论与实践的难题。通过对体育过程和教学内容的分析,认为体育教学内容的编辑一般应该遵循以下三种原则:一是以学科体系为依据,按照由易到难的层次进行编辑;二是以大学生身心发展的规律为依据进行编辑;三是根据教学的目的进行编辑。

3.体育教学内容的排列方法

体育教学内容的排列实际上就是按照其编辑的逻辑顺序进行的,因此在内容排列的过程中,所有的内容都应该遵循学科知识特点和大学生的学习逻辑,同时根据每个教学内容的特点,合理安排课时,并按照内容之间的递进关系,安排每一节课的教学内容。

(三)体育教学内容的改造和加工

经过选择和编辑两个步骤后得到的与体育运动有关的知识和内容,都是体育教学的素材,但是要将这些素材直接运用到课堂之中,还需要一个环节的支持,那就是对体育教学内容的加工和改造,这一过程也是体育教材化的过程,最终将体育教学素材转化为体育教材,融入体育课堂之中。

通过我国目前的体育教学现状来看,我国在体育教材化方面已经取得了初步的成就。我国体育教材化的方法,主要有以下几种。

1.动作教育的教材化方法

动作教育是国外的一种体育教育思想和体育教材化的方法论,其特点就是将一些体育竞技类运动按照人体运动所应遵循的原理加以归类,提出针对学生进行的教材设计,如"体操""舞蹈"等。这种教材的趣味性较大,操作较为简单,因此适用于大学生的学习。

2.游戏化的教材化方法

游戏化的教材化方法,主要用以提升大学生的学习热情,其主要适用于一些比较枯燥和单一的运动,这种运动较难引起大学生的学习兴趣。为了最大限度地激发大学生的学习热情,将这些枯燥和单一的运动通过一些游戏情境串联成游戏,从而提升参加者的兴趣。

3.理性化的教材化方法

理性化的教材化方法,主要是为了帮助大学生理解一些运动的原理,在教学过程中将

"懂与会进行结合"的体育教材化方法。其主要特点就是挖掘体育运动背后的原理和方法，以探究式和启发式的教学为依据，引导大学生进行教学知识的学习。

除了以上三种常用的教材化方法外，我国还有文化化、生活化、实用化、简单化和变形化的教材化方法。

(四)体育教学内容的媒介化

因为体育教学内容较注重实践性和科学性，因此体育教学内容的媒介化是体育教材化的最后一项工作。实际上就是将体育教学素材进行选择、编辑、加工之后，最终将其变成嵌入在某种教学媒体之上的教学内容，在教师和大学生之间建立一个知识传播的媒介。

体育教学内容媒介化的载体一般为教科书、多媒体音像教材、多媒体课件、挂图、黑板板书和学习卡片等，通过它们能够直观地将体育教学中相关的知识展现在大学生的面前。

第三章 高校体育教学设计

高校体育的科学化教学过程是一个智慧的过程,需要体育教育者在每一个教学过程的环节和细节中投入教学智慧,通过科学化教学设计来促进各项体育教学活动的顺利开展,并能很好地帮助教师完成教学任务、帮助学生完成学习任务,实现教学相长、优化教学效果、提高教学质量。

第一节 体育教学设计概述

一、体育教学设计的概念与特点

(一)体育教学设计的概念

体育教学设计是一种体育教育教学准备工作,是教学执行者和参与者为提高教学质量在教学活动中采取的具体的教学活动方案。体育教学设计者必须根据体育教学自身的特点充分考虑学生特点与情况,结合体育教学的环境和条件,对未来体育教学过程中可能出现的一系列问题进行预测,合理规划师生的教学活动,并制订出相应的计划方案。

在高校体育教学中,科学的体育教学设计有利于促使体育教学理论与教学实践的有机结合,能为教师提供科学合理的体育教学方案指导。

(二)体育教学设计的特点

1. 超前性

体育教学设计是一种教学准备工作,要在真正的体育教学活动开始前进行。因此,整个体育教学设计方案的内容、问题预测、问题解决方案等均具有超前性。

从本质上讲,体育教学设计只是体育教学活动的一种设想和预测,它是对即将进行的体育教学中可能产生的问题进行分析。在进行体育教学之前,体育教师必须设计出这堂课的教学方案,并根据体育教育、教学理论和学生的学习需求,针对教学活动中可能发生的问题提出解决方法。体育教学设计方案是对即将开始的体育教学实践活动的一种预先策划,是为了更好地应对和解决体育教学中可能出现的各种问题,因此来说,往往体育教师的教学设计会尽可能地要求考虑到各种教学问题,但是,体育教学设计不可能将体育教学实践中的所有问题都考虑周全。

2. 差异性

正是因为体育教学设计是一种教学提前行为,是一种教学预测与提前规划,可能存在

"考虑不周"的情况,再加上体育教学是一种开放性的活动,可能会受到各种因素的影响,因此体育教学设计方案与体育教学实践活动之间可能存在差异。

体育教学设计的差异性特点,使得体育教师在教学过程中要时刻根据具体的教学情况调整教学方案,以适应不断变化的教学要求。

首先,体育教学设计应以体育与健康课程理念为基础,以学生的体育学习需要为基础,应实现对体育教学实践活动的宏观指导,确保体育教学实践活动的整体方向和格调是正确的。

其次,体育教学过程是复杂、多变的,体育教学设计者设计出的教学方案不可能全面概括教学实践,不能完全解决教学实际中存在的各种问题,体育教学设计者所设计的体育教学方案应能提纲挈领,能抓住主要矛盾,在教学问题处理上要有多个备选方案并能在教学问题解决预案中留有空间,以便根据实际教学情况不断对教学计划进行调整和弥补。

3. 创造性

体育教学设计的过程是一个解决教学问题的过程,是一个创造性过程。

任何学科的教学过程都涉及各种教学要素,包括主观教学要素和客观教学要素,在教学体系构成中各子要素及其相互之间的关系也会时常发生变化,体育教学也不例外,而且体育教学的教学环境与条件更具开放性,这就使得体育教学过程是一个更具创造性的过程。

体育教学的教学开放性与多变性并非体育学科教学的一个教学缺点,相反这更加促进了体育教师在体育教学中可拥有更多的教学发挥空间,为教师的体育教学设计提供了一个更开放的创造空间。通过体育教学设计,能提高教师的教学创新能力,同时也能通过体育教学活动组织与实施培养和提高学生的创造力、创新能力。

首先,对于体育教师来说,在体育教学中要具备一定的创新性和创造能力,能创造性地解决体育教学活动中出现的问题。概括来讲,体育教师必须具备一定的文化基础知识和较扎实的专业知识,具备主动适应基础教育的意识与能力,具备创造性的想象力和创造性的思维,如此才能设计出科学有效的体育教学方案。

其次,对于学生来讲,体育教学活动中的体育教学参与过程是不断尝试、探索、发现、解决问题或达成一个新的目标的过程。在整个教学活动参与过程中,学生在教师的体育教学设计方案下进行体育活动知识、技能的学习,并通过个人的努力去完成学习目标,实现对所要求掌握的知识点、技能的理解与掌握,学习目标的达成非常重要,整个学习过程中的学习体验也很重要,这就需要学生在教师的指导下进行有限制性或者无限制性的探索与创新(例如在运动规则要求下进行技战术的创新发挥),以促进学习目标的实现。

二、体育教学设计的背景分析

(一)体育学习需要分析

进行体育教学设计,首先应明确体育学习需要,以便于在体育教学设计过程中做到有的放矢,更有教学针对性。对体育学习需要的教学设计分析的方法与步骤具体如下。

1. 分析方法

目前,针对体育学习需要的分析方法主要有内部参照分析法和外部参照分析法两种方法,教学设计实践中这两种方法通常结合使用。①内部参照分析法:比较分析体育教学目标与学生体育学习现状,找出差距。②外部参照分析法:以社会对学生的期望值为标准来衡量学生的学习现状,找出差距。

2. 分析步骤

第一,确定体育教学期望(教学目标),根据体育教学大纲和体育教学类型明确本次教学课的具体教学期望(目标)。

第二,确定体育学习现状。通过观察、测量、评价等方法来确定体育学习者(即学生)的知识、技能、学习态度、技术水平等。

(二)体育学习任务分析

1. 分析方法

针对学习者(学生)的体育学习任务进行分析,常用分析方法如下。

(1)归类分析法

结合体育教学目标对教学内容进行分类,形成有意义的指数结构,提示体育教师在教学中分类、有序、依次指导学生完成学习任务、达成教学目标。

(2)层级分析法

将不同层次的从属体育知识和技能进行分析,帮助教师明确体育学习的内容,使之与实际教学活动安排相符,依次完成教学目标,该方法适用于体育运动项目技能学习。以篮球的行进间运球三步上篮教学为例,先明确行进间运球三步上篮动作技能的从属能力,再分析该从属能力应具备的下一级能力,层层递进,直到追溯到学生的起点能力,再从起点能力开始展开教学。

(3)信息加工分析法

根据体育教学目的所要求的行为表现,利用流程图来描述目标行为所含有的基本心理过程的分析方法。该分析法对教师的综合教学能力要求较高,适用于技能和态度类学习任务的分析。以篮球长传快攻战术教学为例,分析学生完成战术的各种心理活动与心理能力,将心理过程与能力要求与战术的完成之间的关系用结构图来表示,指导学生的战术技能学习与行为实施。

2. 分析步骤

第一,确定学生起点能力,全面掌握学生学习基础,以此为教学起点,有序安排教学活动,帮助学生稳步、扎实学习与掌握各教学目标。

第二,分析使能目标。学生从起点能力到终点能力(完成学习任务),需要学生的多项知识和技能(子技能)参与,每一个基础教学目标(使能目标)的完成都是为了完成更高一层目标打基础的,以蛙泳教学为例,明确使能目标,有助于教师更好地组织教学活动帮助学生奠定扎实的学习基础。

第三,分析学习任务完成的条件。对学生的学习任务完成的条件进行分析,以便在体育教学中为学生的学习创造良好的教学环境与条件基础,帮助学生更好地完成学习任务。

(三)体育教学内容分析

1. 文化背景分析

体育教学通常被误认为是运动技能的教学,而事实上,体育教学包含了所有跟体育有关的体育文化、精神、素养、能力、品质、规律、技能等的教学,学生对体育运动技能的掌握只是体育教学的一个重要的教学目标之一,但体育教学的目标不仅限于此。通过体育教学应促进学生的身心健康发展,促进学生养成科学的体育观与体育运动锻炼习惯,并养成终身体育的意识与能力。在体育教学开始前,不仅要明确教学知识点(往往以技术掌握为主),也要针对运动技术背后的运动项目的运动文化背景进行分析。

2. 优缺点分析

在正式的体育教学活动开展之前,教师必须对体育教学过程中所使用的体育教材内容进行认真分析,并明确教材内容的优缺点,这里的"体育教学教材内容的优缺点"具体是根据学生对体育教学内容的认可程度,学习难度以及教学内容对促进学生发展的价值等来进行评价的。应放大体育教学内容有利于学生的体能、技能、智能发展的"点",并展开教学组织,同时,找出教材的缺点和不足,进一步改进教材、丰富教学内容,优化教学过程。总之,体育教师只有全面了解和掌握教材才能设计出有效的体育教学方案。

3. 功能性分析

在高校体育教学设计中,全面分析体育教材的潜在功能,以及这些功能的运行环境和条件,有助于体育教师更好地把握教学过程。具体来说,教师应注意对体育教材内容的运动参与、运动技能、身体健康、心理健康、社会适应等功能的分析。

4. 适应性分析

教学内容的传授和实施需要一定的教学环境和条件支持,在体育教学设计中,教师应充分考虑教学内容实施的教学环境与条件要求,并提前做好场地、器材的教学准备,以及结合本地区的气候特点,地域特点开展相应的特色体育教学。

5. 时代性分析

高校体育教学的目标是培养适应现代社会发展的高素质优秀人才,在体育教学中,体育教学内容应与当前的时代发展特点、社会对人才的要求特点相适应。通过体育教学提高学生的体质、体能水平,心理水平与社会能力,切实培养出符合社会要求的高素质全面发展人才。

(四)体育学习者(学生)的分析

1.一般特征分析

(1)生理特点分析

体育教学的身体实践性非常强,不同体育教学内容的学习对学生的身体素质要求不同,在体育教学设计中应关注学生的生理特点,不安排超出学生生理承受范围的教学训练活动。

(2)心理特点分析

体育活动参与是伴随着一定心理活动的身体活动过程,分析与把握体育学习者的心理特点,有助于体育教师组织教学过程,提高教学的质量。具体来说,教师应关注学生在体育教学活动参与中的个性特征,情感、情绪特征,注意力和意志的发展等。

(3)社会特点分析

体育环境为运动者提供了一个良好的社会环境,学习者在体育活动参与中可以体会到不同的社会角色,也正因此,体育学习有助于促进学生的社会化。要实现体育教学对学生的社会发展促进价值,就必须重视学生的社会特点分析,应从人际交往特点、社会行为特点、社会角色意识、团队精神和竞争意识等多方面分析学生的社会特点,以科学设计教学过程,更好地促进学生的社会化。

2.学习风格分析

(1)信息加工风格

信息加工风格主要分析学生喜欢的教学方法、教学媒体技术应用、教学模式组织、教学节奏等。

(2)感知感官运用

感知感官运用主要分析学生体育学习中习惯用哪种感官接受知识,如更善于听讲解,还是看示范,或是喜欢通过本体感觉(阻力、助力)学习。

(3)感情需求

感情需求主要分析学生在体育学习中关注的情感点,如更希望获得教师的鼓励与肯定,希望受到同学的认可等。

(4)社会性需求

社会性需求分析学生参与体育活动的社会性动机,是渴望交际还是获得运动成绩,或是受感于体育精神的感染、受体育健康观影响注重终身体育知识与能力的培养。

3.起点能力分析

(1)学生的身体机能、身体素质、健康状况等。

(2)学生的基础知识及技能。

(3)学生的体育目标知识和技能。

(4)学生的体育学习态度。

第二节 体育教学目标的设计

一、体育教学目标概述

(一)体育教学目标

体育教学目标是由高校体育目标、体育教学总目标、体育教学单元目标、体育教学课时目标组成的,各项教学目标具有递进关系。

体育教学目标对体育教学过程的设计具有导向性作用,根据教育目标分类的对象和应遵循的原则,可以将教学目标分成认知、情感和动作技能三大领域。

(二)体育教学目标设计

基于对教学目标的认知,教学目标是教学活动主体的活动预期结果,教学目标设计是为了实现教学目标这一结果而对教学活动主体的活动的具体安排。

体育教学目标设计包括以下几方面内容。

第一,教学活动包括教师、学生两个主体,体育教学目标设计包括对达成教师"教的目标"的"教的活动"的设计,也包括对学生达成"学的目标"的"学的活动"设计。

第二,教学目标设计是对一节课、一单元或者一门课程教学活动的结果的设计。

第三,教学目标设计是对可预期、能切实达成的目标的活动设计,设计应具体、明确,具有可操作性。

二、体育教学目标的科学设计

(一)体育教学目标设计原则

1.科学性原则

体育教学应遵循体育教学规律,体育教学目标设计也应遵循体育规律、教学规律、体育教学特点等,应建立在科学学科理论基础上进行教学设计。

2.系统性原则

系统论是教学设计的核心理论基础,体育教学设计过程中,必须重视体育教学系统各子系统的有机结合,以保证体育教学系统的完整性和不断发展完善。体育教学目标是由若干个具体目标组成的完整系统,具体目标之间纵横有序,层次分明,教学设计中应注意正确处理各教学目标之间的关系,为实现教学总目标服务。

3.准确性原则

体育教学目标的描述应是准确的,应能正确表述目标内容,以免教学设计过程中对教学目标理解有误,导致教学目标实现过程中产生偏差。

4.灵活性原则

体育教学目标的设计只是一种构想,而体育教学实际情况是复杂多变的,体育教学目标具有多元化特点,教学设计者应根据高校体育教学实际情况灵活编制,可以由师生根据体育教学实际情况灵活编制,其内容和水平可以有一定的弹性,留有调控余地。

5.发展性原则

体育教学目标的设计既要着眼于现有教学实际,又要放眼未来,能为学生进入下一阶段的体育学习奠定基础,有利于促进学生的可持续发展。

(二)体育教学目标设计程序

1.分析教学对象

具体应分析体育学习者的学习需要、一般特点、起始能力和学习风格等。找出体育教学中出现的问题以及解决办法,确定学习者现状和目标之间的差距,在教学目标设计中,重视发现和分析的学习差距的弥补。

2.分析教材内容

分析并确定体育教学内容的范围、深度、特点、功能,并明确各体育教学内容之间的关系,使教材内容更好地为实现教学目标服务。

3.编写教学目标

一个完整的、明确的体育教学目标应包括教学对象、学生的体育行为、确定行为的条件及程度四个部分。

4.明确表述教学目标

教学目标设计者对体育教学目标的表述要尽可能用明确的语言,单元教学目标的陈述要尽可能的详细、具体,通过体育教学目标的设计,使学生明确要学习的内容和应该达到的水平,便于学习者互评和自评。

第三节 体育教学策略的设计

一、体育教学策略概述

(一)教学策略

教学策略有广义和狭义之分。广义的教学策略包括体育教学活动中的所有计划和措施,不仅包括"教"的策略,还包括"学"的策略。狭义的教学策略仅仅是从教师的教学角度出发,是教师的"教"的策略的综合。

在体育教学中,教学策略是体育教师主观教学意图与想当然的教学对策,是从教学理念到教学实践的关键环节。教学策略在教学系统中的地位比较特殊,它不同于教学活动开始前的教学设计或教学方案,而是教学过程中的措施;也不同于教学手段、教学方法,后者更加具体化,教学策略的层级更高。

(二)教学策略设计

教学策略的设计是体育教学设计的一个重要内容,通过教学策略设计,能为教师创造有特点的教学环境,以更好地促进体育教学活动的开展,有助于帮助教师顺利完成教学任务,达到良好的教学效果。

在高校体育教学中,体育教师对体育教学活动的整体协调对于各项体育教学活动的顺利开展具有非常重要的促进作用,便于教师对体育教学过程进行整体把控,能令体育教学的各个环节都最大限度地发挥教育作用。

二、体育教学策略的科学化设计

(一)体育教学策略设计原则

1.差异性原则

体育教学策略设计的差异性表现在两个方面。

首先,体育教学策略设计应充分考虑不同学生的个性差异所导致的学习特点对教学策略的不同适应。体育教学策略的设计是面向全体学生的,但是不可否认和忽视的一个问题是,不同的学生之间存在着个性差异。对于学生来说,其在学习过程中所表现出来的身心特点、社会性特点不同,因此,教学过程中,并非每一个学生都适合教师所设计的教学策略,这就使得教师提前设计的体育教学策略与教学实际活动的开展所产生的效果,教学适应性、学生预期反应等会出现一定的偏差。

其次,体育教学策略的差异性还表现在师生思维的差异上。在体育教学实践中经常有这样的教学情况出现,即学生无法严格按照教师的教学安排来进行体育锻炼,学生会疑惑为什么教师要这样安排教学,这实际上就是教师思维与学生感知的差异性。在体育教学策略设计中,如果教师应关注到师生之间的思维差异,就有助于师生更好地理解彼此,有助于师生的教学配合,进而实现良好的教学效果。

现代体育教育提倡"以人为本",这就要求教学策略的设计要"以人为本",重视学生的身心健康发展,在体育教学策略设计过程中应充分考虑不同学生的差异性,通过科学的教学策略设计,灵活多变地组织教学活动,以促进每一个学生在各自的原有基础上均能有所进步与发展。

2.兴趣性原则

高校体育教学中,体育教师对教学策略的设计应为教学目标的实现服务。要促进体育教学目标的实现,就必须设计能有效激发学生的学习兴趣和积极性的教学策略,使学生产生学习的欲望,增进其体育学习内驱力。

3. 科学性原则

体育教学过程是一个科学的教学过程,体育教学策略的设计必须遵循体育教学规律,体现科学性,具体要求如下。

首先,在体育教学策略设计过程中,应注意体育教学内容的合理组织。教学策略设计的内容应逻辑清晰、层次分明,使高校体育教学内容的层次与学生的学习程序有机结合起来。

其次,体育教学是一个实践性较强的教学过程,在体育教学策略设计过程中,教师应注意学生的身体实践练习,在教学安排上,应能保证学生重复练习,同时,关注不断或定期地练习新学的知识和技能能够促进记忆和迁移,不断提高学生的运动能力。

4. 启发性原则

体育教学策略的设计应明确阐述教学目标,并尽量展示出学生在学习结束后所应产生或完成的行为表现(事例),使学生对需要掌握的知识技能有学习的方向性。

体育教学不仅是运动技能的学习、巩固、迁移、发展,也是体育精神和素养的培育过程,整个体育教学是一个教师引导学生不断超越自我、认知自我、认识他人的过程。为了实现良好的启发性教学效果,真正促进学生的发展,教师就必须从课堂环境、价值认同及行为约束对体育教学进行设计,这是基于运动项目教学又超越运动技能传授的过程。

5. 指导性原则

体育教学策略的设计应具有一定的指导作用,在学生尝试做出所要学习的行为表现时给予指导和提示。但需要特别提出的是,学生具备一定的学习基础后应适当减少这种指导性,避免学生过分依赖教师。

6. 创造性原则

体育教学策略的设计应能为学生的进一步学习创造条件。重视体育教学设计的创新,不仅能有效地挖掘教学资源和提高教学效率,从而实现体育教学的低耗高效,还可以为学生创新意识和创造能力的发展营造氛围、设计空间。

对于学生来说,在体育学习过程中,新知识的学习需要旧知识作基础,新的学习任务的完成必须建立在掌握和必备一定的知识技能的基础上,教学策略要能使学生在学习中获得成功,从而为学生进一步的学习创造条件。

(二)体育教学策略设计程序

1. 设计体育教学组织形式

体育教学组织形式是教师与学生为实现体育教学目标所采用的各种方式,是实施体育教学活动的关键所在,对体育教学效果有重要的影响。

体育教学组织形式主要包括班级教学组织形式(或称全班教学)、分组教学组织形式、个别教学和复式教学四种。结合教学需要选择其中一种,并就具体组织形式进行教学准备。

2. 设计体育教学手段

体育教学手段设计程序如下。

第一,结合教学实际分析通过哪些教学手段可以达成教学目标。

第二,分析体育教学内容借助于什么体育教学手段,才能完成体育教学任务。

第三,根据教学对象(年龄、心理、体能基础、认知能力等)合理选择和设计教学手段。

第四,还要考虑学生的兴趣、习惯及发展、需要等因素。

第五,针对高校体育教学实际选择和创造教学手段。

第六,教学中设计和选用教学手段时,不能脱离教学实际,应符合体育教学设计的基本原则。

3.设计体育教学方法

体育教学方法设计程序如下。

第一,了解相关的体育教育教学规律。

第二,充分考虑具体的教学目标和任务,教材内容的性质和特点,学生情况,教师条件,教学条件等。

第三,分析教材内容及教学媒介。

第四,按照一定程序设计科学、合理、有效的体育教学方法。

第四节 体育教学媒体的设计

一、体育教学媒体概述

(一)教学媒体

教学媒体,也称教育媒体,是教学的辅助性物质基础设施,教学过程中,教学媒体是师生交换信息时承载和传递信息的工具。它主要包含语言、文字、动作示范等视觉要素和记录、储存、再现符号的实体要素,如图片、模型、电视、电影、录像、电脑模拟等都属于教学媒体的范畴。

教学媒体在现代教学中具有非常重要的作用,影响广泛。

第一,影响课程与教学内容及其表现形式。

第二,影响着教师在教学过程中的作用、影响师生关系。

第三,影响着教学方法和教学策略的选用。

第四,影响着教学组织形式。

第五,影响教学的发展,先进、科学的教学媒体可以扩大教学规模、提升教学质量、增进教学效率。

(二)体育教学媒体设计

体育教学容易让人产生体育教学就等于体育运动训练的认识误区。实际上,真正的体育教学必须以科学理论为指导,体育教学包括体育基础理论知识、体育文化知识的教学,这些内容的教学是体育教学中不可缺少的一部分,这些教学内容的教学开展需要和其他学科一样使用教学媒体。

与其他学科的教学一样,体育教学活动中,离开了教学媒体,教师与学生之间的信息交换就会中断,也就无法构成体育教学活动。

现代教学媒体为解决传统教学所存在的一些问题创造了良好的条件,推动了教学理论与实践的发展,增强了现代体育教学的教育功能,但同时也为当前教学实践,尤其是教学物质基础提出了更高的要求,这是在体育教学设计中需要重点考虑的问题。

当前,以信息技术为基础的现代教学媒体,以其前所未有的特点影响着教学实践和教学理论的广度和深度发展。信息技术在体育教学中的应用也极大地促进了现代体育的高效化。

现阶段,随着现代技术的不断发展,在现代体育教学中,技术对教学内容和方法的影响较大,进而会影响到教学设计的最终形成。当前,科技已经在体育教学中大量应用,通过利用多媒体、交互性和对刺激呈现的控制而丰富任务环境,进而对认知能力的很大范围进行研究变得更加切实可行。技术提供的新能力包括直接跟踪和支撑问题解决技能、把学生解决难题的行动过程可视化、建模和模拟复杂推理任务等。技术也使得对概念组织和学生知识结构等方面进行数据收集,使得学生参与讨论和小组项目表征成为可能。

针对上述这些明显的变化,体育教学已经从传统的课堂教学模式中走出来,信息技术促进了视频课程、网络课程的发展,针对这些新的变化,如果没有一定程度的教学设计,技术就不会在本质上自动改进教育。一些最有魅力的技术应用拓展了可以呈现的问题本质和可以被评估的知识和认知进程。

在未来,科学技术在教学中的应用将会更加明显地显现出来,这有助于教学理念在教学实践中更加准确地体现。

二、体育教学媒体的科学化设计

(一)分析教材内容与学生特点

在进行体育教学之前,教师要认真研究教学大纲(课程标准),根据体育教学目标、教学基本要求、教材体系范围与深度,明确体育教材的重点与难点及其前后的联系。此外,教师要全面了解学生的知识基础、身体健康状况、认知能力、运动能力水平等情况。对体育教材内容和学生特点进行分析,有助于教师明确教材内容的最佳展示方式,明确学生的认知特点,可以据此有针对性地选择相应的教学媒体来更好地展示教学内容、激发学生的不同感官理解与吸收教学内容。

(二)分析教学媒体的类型与特点

不同的教学媒体具有不同的特点,适用于不同的教学内容展示与教学环境创设,在选用设计教学媒体时,应首先分析教学媒体的类型与特点,这样才能使教学媒体设计的更具针对性。

1. 视听教学媒体

视听教学媒体包括视觉教学媒体和听觉教学媒体两大类,二者充分利用教学活动过程中的师生不同的感官传递教学信息,在教学中各有优势。

2. 多媒体(CAI)教学技术

可演示各类多媒体教学课件,开展计算机辅助教学,播放教学视频,具有可嵌入度以及良好的交互性能,能使教师的教学更加形象和生动,故相比于传统的教学形式而言,教学效果更好。

3. 计算机网络教学

网络技术的产生促进了体育教学的虚拟化和多媒体教育网络和课程与教学网络的出现,它集文字、图形、声音、影像等为一体,能将各种不同的媒体信息有机地集成在一起,形成多媒体演播系统,具有良好的交互性能,为学生的虚拟模拟技能练习提供了便利,同时,还有助于教育资源的整合,使全校、全国、全球的教学资源实现共享,方便学生学习。此类教学有校园网互动教学、网络公开课、慕课、在线教学等。

4. 移动通信教学

基于移动通信技术而开展的教学,有微信公开课,基于小程序的教学等。目前,此类教学媒体在教学实践中还处于尝试阶段,其教学可行性与效果还需要进一步实验论证。

(三)灵活应用各种教学媒体

现代教学媒体种类多样、内容丰富,在体育教学中,教师应在分析与把握不同教学媒体技术的基础上,结合教学实际,灵活运用各种教学媒体和教学媒体组合,以最大限度地发挥各教学媒体的教学信息传播作用,促进师生教学活动的顺利开展,创设良好的教学环境。

(四)教学媒体与教学的整合

体育教学活动是开放性的活动,教学过程受多种内在和外在因素的影响,情境创设是教学设计的最重要内容之一。

不同的教学媒体在教学过程应用中具有不同的特点与优点,在创设学习情境方面具有自己的优势,但如果教学情境的设计过于牵强、泛滥,会令学生感到无趣、无效、虚假、烦琐。因此,教学媒体与体育学科教学的整合,应保证情境创设的真实性或生活性,不能单纯为了追求教学创新而应用不合适的教学媒体。

此外,在体育教学中要充分发挥不同教学媒体的教育功能与作用,必须做到教学媒体与体育教学中的"教"与"学"的活动的有机结合。一方面,教学媒体选用应支持"教"的内容的完全展示,促进教师的讲解、示范和帮助学生理解,另一方面,教学媒体的选择应用应支持"学"的特征,利用CAL、CSCL、在线讨论、在线答疑等,利用必要的学习资源,促进师生、生生交流,通过各种教学工具和学习工具完成知识建构。

第五节 体育教学过程的设计

一、体育教学过程概述

（一）体育教学过程

教学过程,具体来说是教师根据一定社会要求和学生特点,指导学生有目的、有计划地掌握学科知识和技能,实现身心全面发展的过程。

体育教学过程含义如下。

第一,体育教学过程是体育教师的"教"和学生的"学"组成的双边活动过程。

第二,体育教学过程是一个动态过程,体育教学过程会受到各种内在与外在、主观与客观因素的影响。

第三,体育教学过程是师生以身体练习为重要媒介的交往实践过程。

（二）体育教学过程设计

体育教学过程设计就是按照现代系统论的观点,把体育教学各环节的设计进行优化组合,它为最佳体育教学完整方案提供了思路。

在现代体育教学中,一般来说,体育教学设计对教学过程的表述是采用类似于计算机流程图的形式进行的。这种方式能直观展示整个体育课堂活动中各个要素之间的关系、比重;教师可以根据学习者的不同反应做出相应的教学处理,灵活性大,目的性强。

二、体育教学过程的科学化设计

（一）体育教学过程的设计原则

1. 主导性原则

整个体育教学过程中,体育教师起着主导作用。传统的体育教学过程中,体育教师的主要任务是通过讲解传授知识。随着现代科学技术在课堂教学中的应用以及课堂教学改革的不断深入,教师的作用除了进行信息编码、讲解内容之外,最关键的是要在课堂教学中起主导作用,教师在体育教学过程中不是单纯灌输知识,而是重视对学生的正确、合理引导,引导学生掌握知识内容。

2. 主体性原则

学生是体育教学的教学主体,在体育教中发挥着十分重要的作用。对于体育教学来说,在教学中应充分尊重学生,结合学生的特点来安排具体的教学内容、教学方法、教学媒体,整个教学过程安排应符合学生的认知规律和学习特征。

在体育教学过程中,教师应注重学生的学习兴趣的激发,通过合理的教学安排充分发挥学生的学习积极性,让他们有更多的课堂参与机会,促进师生有效沟通交流,使他们不仅"学会",更重要的是"会学"。

3. 规律性原则

体育教学过程设计的规律性原则,简单来说,就是体育教学过程设计应符合体育教学的一般规律。

体育教学,应遵循体育规律、教学规律、学生认知规律等,在这些规律科学指导的基础上合理安排教学过程。体育教学中学生是教学的主体,教学过程应尊重学生的学习认知规律,以此为例,学习理论是心理学家探讨学习规律、特征的理论,对教育者了解教学过程中学习者的特点与过程发展具有重要的指导作用。在设计体育教学过程中,只有符合学生特有的认知要求,才能获得有效地教学效果。

4. 方法性原则

体育教学过程设计的方法性原则要求体育教学过程设计应重视体育教学方法的科学安排,关注不同的体育教学方法的选用所产生的不同的教学效果。因此在教学过程的设计过程中应有选择地对体育教学方法进行取舍,选取最适合教学内容表达、更容易被学生接受和激发学生兴趣的教学方法,如此才能充分发挥相应的体育教学方法的教学促进作用,也才能促进各个体育教学活动环节的顺利开展,实现良好的体育教学效果。

此外,设计体育教学过程,应考虑整个教学系统构成,应该结合体育学科特点和学习内容、教学目标、学生的特点及选用媒体的特点选择相应体育教学方法。

5. 媒体优化原则

体育教学媒体合理、科学应用对体育教学过程的顺利开展和良好体育教学效果的实现具有非常重要的作用,是体育教学中非常明确的一点,体育教师在设计教学的过程中,应注意体育教学媒体的使用及其优化。

在现代化体育教学实践中,任何一种体育教学媒体都不足以支撑整个体育教学过程,体育教学媒体的运用要考虑各种媒体的优化组合。不同的体育教学媒体在体育教学中发挥着不同的作用,彼此之间可实现功能互补,就像人体各部分器官虽然分工明确,各司其职,同时又是为一个整体(身体——教学)服务,教学媒体系统功能的充分发挥也是通过多种媒体组合后形成的优化结构来实现的。在体育教学过程设计中,应灵活运用各教学媒体,使各教学媒体各施所长,互为补充,相辅相成,共同促进整个体育教学过程的优化,促使教师和学生都能顺利完成"教"的任务和"学"的任务。

(二)体育教学过程设计的表现形式

目前在体育教学中,对体育教学过程的设计主要有以下三种表现形式。

1. 练习型

整个体育教学过程以学生的身体练习为主。教学中,运用教师示范和教学媒体的内容展示,为学生提供运动动作的路线、结构、动作要领等,帮助学生理解具体的技术动作,并通过真实的学生身体练习,发现问题——纠正——再练习,最后对学生的动作技术掌握进行评价并指出改进意见和建议。

2. 示范型

示范教学法同样是以身体活动为主要形式的教学过程设计与组织,在运动类的体育教材内容中,示范是体育教学过程设计的必要手段和重要途径。

与重在"练习"的教学过程不同的是,示范型体育教学过程设计在"示范"上花费的时间和精力是非常多的,这种教学过程设计通常用于复杂的体育运动技能的学习的前一次课中。

3. 探究型

探究发现型主要适用于在体育教学中组织学生观察、思考,探究原因、寻找规律等,如某次体育教学课的主要教学任务是某一动作技能的结构或原理的认知、理解、掌握,通过对教学过程中的"探究"设计,可有效激发学生学习的主动性,培养学生发现问题、探究问题、解决问题的能力。

第四章　高校体育教学方法与创新

第一节　高校体育教学中微课的应用

一、微课的概念

(一)微课概念

所谓的微课,主要是指以视频的方式把教师在课堂内外教学活动开展过程中传授的教学环节或者强调的主要知识难点与重点进行展示的新型的一种教学资源。微课具有一些比较显著的特点,即:①碎片化;②突出重点;③具备的交互性比较强;④能够反复多次使用。微课作为一种全新的教学模式,能够使大学生的碎片化学习活动随时随地的展开。

(二)微课的组成

对于微课而言,其组成内容的核心就是示例片段,也就是课堂教学视频。不仅如此,也有同某个教学主题相对应的辅助性教学资源,例如,素材课件、教学设计、练习测试、教师点评、教学反思和大学生反馈等。在一定的呈现方式和组织关系下,它们共同营造了资源单元应用的"小环境",而这里所说的资源单元具有的显著特征是主题式的半结构化单元资源,因此,微课同传统单一资源类型的教学资源之间是有一定的差异存在的,主要表现在教学设计、教学课例、教学课件与教学反思等方面,同时,微课与上述的这些教学资源之间存在一定的联系,即微课作为一种新型的教学资源,其发展基础就是上述的这些教学资源。

(三)微课的特点

1. 碎片化

微课视频具有10分钟左右时长,将课程教学过程通过清晰的视频录制的方式进行呈现,一堂传统课堂教学的时间是45分钟,而原有的段状课程在微课的作用下,逐渐向点状课程转变,促进了更加精华、细致课程内容的出现,因此,大学生除了课堂的教学的时间以外,还可以利用课外的其他的零散时间,例如,当大学生排队等待就餐的时候,可以利用这一小段时间进行学习,所以,微课的显著特点之一就是碎片化。

2. 突出重点

基于大学生的学习特点,在微课显著碎片化特点的影响下,对于教师的教学能力,微课也提出了更高的要求。在微课视频的10分钟展示时间内,要求教师将严谨的逻辑性进行体现的同时,还要将课程内容的重点与亮点突显出来,真正地抓住大学生的学习重点所在,才能够使大学生的学习兴趣得到更好地激发。

3.较强的师生交互性

微课作为一种新鲜的课堂形式,它的出现在满足大学生知识渴求与猎奇心理的同时,还能够有效改善传统教学模式中教学内容单方面输出的情况。在微课教学开展的过程中,教师与大学生之间的互动得到加强,不仅仅及时收集了大学生课程学习的兴趣点,同时,对于大学生存在的疑问,教师也能够及时进行回答。这无疑会为教师课程后期的设计提供便利条件,使其能够同现阶段大学生的知识渴求得到一定的满足,进一步提升课程的教学效果。

4.能够反复多次使用的教学资源

在微课的模式下,大学生能够按照自身的实际需要,对体育学习活动随时随地的展开,例如,在课程开始之前,大学生可以通过微课来预习运动技能、巩固难点和重点、练习课后的动作等,上述的这些微课学习途径,在进一步提升教学效果的问题上能够发挥出有效的促进作用,此外,对微课教学模式的使用,还可以使大学生课程学习的积极性得到增强。

二、微课在高校体育教学中的应用

由于微课存在碎片化、突出重点、较强的师生交互性与可重复利用教学资源的特征存在,从体育微课的基本设计原则出发,开发质量较高的体育微课,进一步地改善当前高校体育教学的现状,使大学生体育运动项目学习的兴趣得到提高。一般来讲,在高校体育教学中,主要会在以下几个方面将高校体育教学中微课的应用体现出来。

(一)微课应用在大学生体育需求调研中

鉴于高校体育教学传统模式中同高校体育教学内容间存在的关联,在高校体育教学实践活动正式开始前,体育教师应该按照课程逻辑将高校体育教学内容中的难点与重点提取出来,同时,还应该同现阶段体育栏目与体育热点新闻相结合,对体育微课进行制作,之后再将已经制作完毕的体育微课利用移动互联网的各种渠道实施高校范围内的广泛传播,通过对微课中大学生的点击率与同帖评论内容的考察,体育教师能够有效地评定体育课程内容的合理性,保证体育教师更加深入地了解到大学生兴趣与期待。此外,在前期对体育微课进行传播,能够有效地使大学生体育学习的积极性得到调动,使大学生更加期待即将要学习的新的学习内容,使大学生的被动学习行为转变向主动学习行为,进而提升大学生的体育参与度。

(二)微课应用在体育课程设计中

对于体育微课而言,它不仅是传统的高校体育教学模式的补充,还是多媒体时代下高校体育教学发展的必然结果。微课的逐渐出现使得原本的体育课程设计得到了重新定义,因此,就需要保证体育课程有理有据。在高校体育教学开展的后期阶段,对以往室内体育理论课与室外实践课分开开展的体育课程设计进行改变,将两者进行融合,同时,考虑到多媒体时代大数据的时代特征,在设计室内理论课的时候,可以以教师和大学生的信息数据交流为主,使他们的头脑风暴在体育课程中得以实现,呈现出更加公平、更加自由的体育课程,此外,在这样的形式下,体育教师的教学思维能够得到更进一步地更新,使大学生体育学习的热情得到提升。

(三)微课应用在体育课程教学中

一方面,基于体育时事热点与体育课程的新内容等方面,体育教师能够对新颖的体育新课进行设计,并向微课导入,在体育课堂教学开展的过程中,组织大学生集体观看,主要的目的在于吸引大学生的注意力,激发他们的体育学习兴趣;另一方面,在高校体育教学实践活动开展的过程中,体育教师可以将复杂动作的教学制作成微课,同时,在体育课堂教学过程中,重复地向大学生播放,将更加具体、更加直观、更加生动、更加形象地呈现出高校体育教学的过程。

体育教师可以根据新课内容和时事体育热点等设计出新颖的新课导入微课,在课上给大学生观看,目的是使大学生的注意力得到吸引,使大学生的学习兴趣得到激发,另一方面,对于高校体育教学中复杂的教学动作,教师可将其制作成微课,在上课过程中进行重复播放,使高校体育教学过程教学更生动、更直观、更形象、更具体。

(四)微课应用在体育课后辅导中

对于高校体育教学而言,每一节体育课堂教学的时间是45分钟,有限的高校体育教学时间,使教师想要面面俱到地讲授内容,想要实现精细化教学变得不现实,所以,一部分大学生不能与教学节奏同步或者是不能对其所学运动技能充分掌握,所以,当体育课堂教学结束以后,教师可以将包含有高校体育教学重点的微课视频向大学生发放,以便于大学生能够在课堂结束以后,对于已经学习的技术动作进行练习,对课堂上所学内容进行复习,切实保证温故知新,提升大学生的学习效果。

(五)微课应用在体育课程分享中

从本质上来讲,分享就是学习,大学生们喜欢在朋友圈中分享一些好的视频课程,无形之中感染身边的朋友,使学习的圈子变得更大。因此,我们倡导构建分享精神的学习共同体,这样能够保证学习共同体成员间能够互相督促,彼此分享有用的体育学习信息。例如,将微课应用在体育舞蹈教学过程中,在校园内大学生可以对已经学习到的且比较感兴趣的体育舞蹈课进行分享,使越来越多热爱体育舞蹈的大学生能够及时地对学习资源进行获取、分享,同时,校园内其他兴趣一致的大学生可以进行自发组织,一起对体育舞蹈微课进行学习,保证体育舞蹈社团的进一步发展,通过对社团活动的有效组织,例如"快闪"等,使大学生的课堂学习以外的生活得到丰富。

第二节 高校体育教学中慕课的应用

一、慕课的概念

(一)授课形式

慕课是一种将在世界各地分布的学习者与授课者通过某一个共同的主体或者话题而联系在一起的方式方法。

几乎所有慕课的授课形式都采用每一周话题研讨的方式,并且只会将一种大体的时间表提供给授课者与学习者,但是一般来讲,慕课课程不会对学习者有特殊的要求,一般说明的内容比较简单,例如,阅读建议、每一周进行一次的问题研讨,等等。

(二)主要特点

1.规模比较大

所谓的规模比较大,指的是网络开放的大规模课程,而不是以个人名义对一两门课程进行发布。这里所说的网络开放的大规模,通常是指那些参与者发布出来的课程,这些课程一般会被人们称作是大规模的课程或者是大型的课程,慕课的典型形式就是这些课程。

2.开放的课程

所谓的开放的课程,一般要求严格遵守创用协议;可以说,开放的课程,就能够成为慕课。

3.网络课程

网络课程的相关材料通常在互联网上散布,而不是面对面的课程。此种课程的显著特征就是没有上课地点的特殊要求。例如,如果你想享受世界上的一流课程,那么不管你处在什么地方,只要有网络连接与电脑的存在就能够实现。

二、慕课在高校体育教学中的应用

(一)高校体育教学中慕课的应用价值分析

自慕课引入我国以来,已经过了很长的一段时间,同时很多高校已经开始尝试此种新式的教学方法,然而,慕课在高校体育教学方面的应用非常的少。实际上,慕课的教学方式在高校体育教学方面也是非常适用的。

随着社会网络的日渐发达,网络在现代人们生活中承担的责任越来越重要,而对于慕课而言,就是在学习开展的过程中充分利用网络条件。

除此之外,作为一种学习方式,慕课还具备一定的主动性特征,任何人的监督与强迫都不会对其发生作用,使用者可以按照自己的个人兴趣爱好自主选择、学习自己喜欢的运动。

同时，慕课所拥有的资源范围是非常广泛的，通过对慕课进行应用，教师和大学生还可以实现对国外高校体育教学资源的分享与使用。

现阶段，高校体育课的开展形式主要是体育教师授课，大学生接受学习，即在高校体育课堂教学中，教师首先进行讲解、示范，之后大学生再进行练习。然而，我国大多数体育课的开展时间一般是45分钟，当做完体育课的准备活动并且由体育教师进行体育技术动作的讲解与示范之后，大学生们的练习活动无法在剩下的时间内展开。对于这个问题，慕课就能够很好地解决。

当体育课堂教学结束以后，大学生在课后就能够自行复习。在体育微课视频中包含真人操作与讲解，能够帮助大学生对于白天体育课堂学习的动作进行复习与记忆。尽管高校体育教学时间长达一个半小时左右，大学生能够拥有足够的时间去学习、练习体育运动技术，但是，由于每一个学期所要学习的内容都是相同的，但是大学生个体存在差异，不利于一部分大学生深入学习、练习的开展。

在高校体育教学中应用慕课的教学方式，不仅能够保证大学生深入学习活动的开展，还有利于大学生自己掌握学习进度。同时，由于慕课中存在的学习资源是非常丰富的，有利于大学生寻找到适宜自己的运动方式。例如，对于一部分不适合剧烈运动的大学生而言，在慕课中找到适合自己的运动方式，不仅能够避免损伤自己身体的情况发生，还能够使体育锻炼的目的顺利实现。

实际上，如今许多家长也比较重视大学生的体育锻炼问题，为了保证孩子的健康成长，家长总是喜欢带着孩子从事散步、晨练等体育锻炼活动。然而，需要注意的是，如果人们不能应用健康的方式开展体育锻炼的话，那么在浪费了体育锻炼时间的同时，还会在一定程度上造成身体伤害。

(二)慕课应用在高校体育教学中的未来发展

慕课的教学方式来源于国外，在我国的高校才刚刚开始起步，必须要进行一定时间的磨合才能够同我国的教学理念相适应。

基于这样的形式，我国大部分高校应该按照自己高校的特点自行录制慕课视频。同时，在录制慕课视频的时候，可以由多个高校的教师共同参与录制、讨论，然后再对多个优秀的视频进行选择，并且上传到网上，方面大学生们观看、下载、学习。将慕课应用在高校体育教学中，还能够使小班教学的目的得以实现。同时，同一学科由多个教师进行录制，能够帮助大学生更加仔细地观察自己的学习效果，使高校体育教学质量得到提高。因为慕课在高校体育教学中的应用主要以网上教学为主，所谓的监督制度是不存在的，因此，要求大学生具备较强的自主学习能力。

对于慕课教学而言，并没有使教师完全得到解放，例如，在高校体育教学开展的过程中，如果大学生出现一些疑问，也只能是对同一个视频进行观看。因此，教师与大学生之间的定期交流应该存在,如此一来,不仅能够增进教师和大学生之间的感情,还能够解决大学生的一些学习困惑。尽管我国对于慕课的应用还处于初步发展阶段,然而,在现代网络发展的背景下,慕课的发展是一种必然趋势。将慕课应用在高校体育教学中,能够给教师未来教学的开展带来一定的启示。需要注意的是,在使用慕课方式开展高校体育教学的时候,还应该同国内的高校体育教学情况相结合。例如,在篮球运动课堂教学开展的过程中,不仅仅要对手指上的动作进行教学,还要对脚上的动作进行教学,更重要的是还要将两者的教学活动紧密地联系在一起。因此,在制作相关慕课的时候,不仅要将这些动作进行分解,还要有一个规范的整体动作,以便于大学生学习活动的开展。

第三节 高校体育教学中翻转课堂的应用

一、翻转课堂的概念

(一)含义

所谓的翻转课堂,通常是指重新调整教学课堂内外的时间,从本质上来讲,就是学习的决定权不再属于教师,而是由大学生掌握学习的主动权。在翻转课堂教学模式的应用过程中,大学生能够在课堂中有限的时间内更专注地开展学习活动,对于全球化的挑战、本地化的挑战、现实世界中存在的问题,教师与大学生一起研究、解决,使得获得理解的层次更加深入。

在课堂教学开展的过程中,教师不会再耗费大部分的课堂时间去讲授信息,但是在课堂教学结束以后,大学生需要自主地完成这些信息的学习,他们可以利用的方法有:听播客、看视频讲座、对功能强大的电子书进行阅读,或者是通过网络同其他同学互相讨论。综上所述,在翻转课堂教学模式的应用过程中,不管什么时候,大学生都能够对自己所需的材料进行查阅。

此外,当课堂教学结束以后,大学生就能够自主地对学习节奏、学习内容、学习风格与知识呈现的方式进行规划,同时通过教师对讲授法与协作法的使用才能够使大学生的知识需要得到满足,使大学生实现个性化的学习,最终的目的是通过实践活动保证大学生学习活动的真实性。

(二)主要特点

对于翻转课堂的特点,作者进行了如下的分析。

1. 教学视频的短小精悍

即便是较长一点的视频也只有十几分钟的时间,而大部分的视频通常只有几分钟的时间。同时,每一个视频的针对性都是比较强的,针对某一个特定问题进行分析,方便查找;在大学生注意力比较集中的时间范围内控制视频的时间长度，同大学生的身心发展特征相适应；在网络上发布的视频存在回放功能、暂停功能等，使大学生的自主学习能够得以顺利实现。

2.教学信息的明确清晰

教学信息明确清晰，干扰大学生注意力的因素比较少。如果在视频中出现了教室中的各种摆设物品，或者是教师的头像，那么就非常容易分散大学生的注意力，特别是当大学生处于自主学习状态的时候。

3.重新建构学习流程

大学生的学习过程一般会有两个组成阶段。第一阶段，传递信息。其实现需要教师与大学生之间的互动、大学生与大学生之间的互动；第二阶段，内化吸收。需要大学生在课堂教学结束以后自己完成。在大学生自己完成的过程中，因为缺少教师的支持与同学的帮助，因此，大学生在内化吸收的阶段经常会出现挫败感，使他们丧失学习的动机与成就感。

"翻转课堂"的教学模式使大学生的学习过程得到重新建构。第一阶段的传递信息，是在课堂教学开始之前由大学生完成的，而教师在提供教学视频的同时，也提供在线辅导；此外，第二阶段的内外吸收，是在课堂教学开展的过程中，由互动实现的，对于大学生存在的学习困惑与困难，教师应该提前进行了解，同时在课堂教学开展过程中对大学生进行有效的指导，而大学生与大学生之间的互相交流活动，对于大学生内化吸收知识的整个过程，还能够起到一定的促进作用。

4.复习检测的快捷方便

当大学生观看完教学视频以后，通过视频结尾处出现的几个小问题，帮助大学生及时检验自己的学习情况。同时，通过云平台，将大学生回答问题的实际情况及时地进行汇总、分析、处理，教师对大学生学习情况的了解也会更加客观、全面。教学视频的另一个明显优势，就是能够在经过一段时间的学习以后，方便大学生对学习到的知识进行复习与巩固。

二、体育翻转课堂的实施策略

(一)做好在线虚拟教学平台的建设

在线虚拟教学平台搭建的主要目的在于为翻转课堂的实施创造前提和基础，这一平台主要包括教学内容上传模块、师生交流与答疑模块、在线测试与评价模块、学习跟踪与监控模块以及学习总结与成果展示模块等。体育教师通过这一平台，就可以将与高校体育教学相关的微视频、PPT、各种音频等教学材料上传至在线虚拟教学平台，还可以借助这一平台实现作业发布、在线测验、监控督促、在线交流、在线评价等；大学生则可以通过这一平台进行学习材料下载或在线学习，并同体育教师之间实现及时的交流与沟通。

(二)注重评价机制的创新

翻转课堂教学模式下的高校体育教学评价不能限于传统的纸笔测验，评价内容、评价主体、评价标准和评价方法等都应区别于传统教学,否则,翻转课堂的实施就会流于形式。翻转课堂模式下的高校体育教学评价应该把"以评促学""以评促教"作为评价的主要目的,并将大学生的进步程度作为评价的主要指标并注重多元化评价的采用,只有这样,评价才能既有针对性又不失全面性。多元化评价主要表现在评价主体、评价内容、评价方法、评价阶段等方面,紧紧围绕促进大学生的学和促进教师的教两个方面,最终将提高教学实效作为评价的主旨。

(三)注重提高体育教师的综合素养

无论何种教育教学改革,教师始终是改革成败的核心与关键。作为信息化社会的产物,翻转课堂不仅仅是一种先进的教学理念,还是一种先进的教学方法,它对体育教师的综合素养提出了较高的要求。体育教师既是在线虚拟教学平台的搭建者、设计者和使用者;又是教学视频等学习资源的开发者和上传者;既是大学生学习与实践的组织者、引导者,又是大学生学习成果评价的设计者和评价者;既是大学生在线学习情况的监控者和督促者,又是教学设计的完善者。

(四)追求体育课堂实效,避免翻转课堂异化

1.避免弱化体育教师的作用而过度强调以大学生为中心

翻转课堂模式下,体育教师虽然把课堂讲解与示范的时间让位给了大学生,但并不代表教师的作用被弱化了,事实上,体育教师的作用变得更加关键,而不是被弱化。课前教学视频的录制和搜集、教学资料的优化与整合、在线虚拟教学平台的建设与管理,课中体育教师的讲解与示范、大学生活动的设计与组织,课后大学生学习结果的考核与评价、教学方案的优化与修订等,每一项工作都离不开教师的付出。如果过度弱化体育教师的作用,大学生的学习就会失去系统性和效能,高校体育教学最终难逃沦为"放羊式"的结果。

2.避免忽视大学生课前学习的跟踪和监测而高估大学生的自主性

对于翻转课堂教学模式而言,"掌握学习"是其建构的重要基础。翻转课堂的有效实施离不开大学生的自主学习性。作为现实社会中的复杂存在,大学生在课堂教学开始之前的在线学习中,并不是每一次都能够针对高校体育教学内容进行有效的、自觉的学习。因此,教师有必要对大学生进行适当的检测与跟踪,它不仅仅能够对大学生的技能学习和知识学习的完成起到督促作用,还能够有效培养大学生的自主学习能力。

3.避免忽视学科的差异而一味借鉴其他学科的经验

现阶段,对翻转课堂教学模式的相关理论研究成果与实践研究成绩,主要是基于其他学科的基础之上。在体育学科的理论等方面的研究还并不十分成熟。在对高校体育教学中翻转课堂教学模式的应用进行研究的时候,不可避免地要对其他学科的实践经验进行借鉴。但是,学科与学科之间的差异是普遍存在的,在其他学科领域比较适用的理论和经验,在体育学科中不一定能够适合使用。因此,在翻转课堂教学模式进行具体实施的时候,我们应该

要把握好体育学科本质特点,有选择地吸收、借鉴其他学科的理论与经验,要避免生搬硬套。

4.避免偏离翻转课堂的本质而过度追求形式

实施翻转课堂教学模式的主要目标是在一定程度上提升高校体育教学的时效性。高校体育教学的存在离不开价值的支持与丰富,体育课程教学一种至高境界是对于既正当又有效的高校体育教学进行贯彻,如果过分追求形式而对高校体育教学的效果不够重视的话,那么即便是翻转课堂的教学模式得以实施,也不存在任何的意义。

在高校体育教学改革深入发展的特殊阶段,在广大体育教师积极投身于高校体育教学改革的今天,对于翻转课堂教学模式我们依然应该谨慎地对待,尤其是要避免偏离翻转课堂的本质而过度追求形式的情况。

三、翻转课堂在高校体育教学中的应用

（一）高校体育教学中实施翻转课堂的价值探析

当前,翻转课堂在我国的兴起已经成为不争的事实,但对于翻转课堂的价值进行深入探讨似乎还未引起理论层面的重视。为了更好地应用和推广翻转课堂,对其在高校体育教学中的核心价值予以探讨。

1.翻转课堂使高校体育教学与信息技术的有机结合得到实现

在信息化社会的今天,大学生的生活方式和学习方式发生了深刻的变化,借助手机、电脑等信息化平台进行学习和交流已经成为日常习惯,为适应大学生在行为和习惯上的变化,教学信息化在所难免。

翻转课堂作为信息化社会的产物,它实现了教学与信息技术之间的有机结合,高度迎合了大学生的日常习惯,改变了传统课堂呆板的模式和形象,使大学生的学习变得更加自然和有趣。体育教师通过上传视频、三维动画、PPT 等丰富而直观的教学材料,设置系统有序的学习导航,加上教师对大学生客观而有趣的在线评价和在线交流,一个有益于大学生身心发展的教学环境被创建出来,这不仅有效增进了师生之间的情感,更提高了大学生的学习情趣和自主性,也为体育教师有效组织课中的教学活动奠定了基础,这对提高高校体育教学的实效性是非常有利的。

2.翻转课堂有助于实现高校体育教学的精讲多练

大学生课中学习和练习的时间总量是一定的,新知识、新技能的学习耗时过多,大学生从事体育练习的时间势必减少,体育课的健身性以及大学生对知识、技能的掌握和内化就会大打折扣,因此,精讲多练符合体育课堂教学的要求。在翻转课堂模式下,课前,大学生通过观看教学视频,对高校体育教学内容有了初步的认知,在遇到无法解决的问题时,大学生通过在线交流平台及时反映给体育教师,这样教师就会对大学生的课前学习情况有所把握;课中,体育教师依据大学生所反映的问题进行针对性极强的讲解或个别指导,不需要每个问题

都进行讲解,这样就省去了很多讲解的时间,大学生在课中进行体育实践的时间就被延长,精讲多练的目的自然达到。

3.翻转课堂使高校体育教学要素的优化组合得到实现

从高校体育教学要素的层面上来讲,翻转课堂同传统的高校体育教学模式之间存在的区别并不是很明显。对于翻转课堂而言,它主要是利用科学合理地重构高校体育教学要素来使高校体育教学的效能实现增值的。我们之所以将翻转课堂判定为一种革命性的高校体育教学方式创新,主要是由于此种教学模式在对高校体育教学要素的各种功能进行准确定位的情况下,体育教师与大学生的主体性地位得到了转换,使体育课程的资源得到拓展,促进了高校体育教学目的、高校体育教学方法手段与反馈机制的合理调整,对大学生体育学习的良好环境进行创设,进而从质的层面改变高校体育教学的形态与结果。同时,需要注意的是,翻转课堂在组合高校体育教学要素的问题上并不是固定不变的,而是动态的,不是呆板的,而是灵活的。在高校体育教学的实践活动中,按照实际的需要,体育教师对于各教学要素间的组合关系可以随时进行调整以保证特定高校体育教学目的的实现。只有对于这一点充分认识,才能够保证我们能够将翻转课堂作为固定范式进行看待,进而避免高校体育教学中应用翻转课堂教学方法流于形式。

4.翻转课堂能够促进高校体育教学中素质教育的实施

素质教育的主要目的是对于受教育者的综合素质进行全面提高,而值得注意的是,综合素质的提升离不开人的全面发展,同时,对于大学生个性的培养也不能忽略。个性的完善,不仅仅是素质教育开展的价值理念,又是素质教育的目标理念,培养个性、促进人的全面发展是素质教育的真谛。

在翻转课堂教学模式应用的过程中,大学生的学习目标是统一的,同时,根据大学生的具体实际,体育教师可以制订大学生的个体目标。通过观看在线高校体育教学视频,可以实现大学生自主学习;从反馈问题的层面上来讲,通过在线交流平台,大学生能够将学习中的问题随时向教师反映,同时,获得教师的及时教导;从学习评价的层面上来讲,体育教师对于大学生评价的依据是大学生的进步程度,同时将小组评价和个人评价融入到最终评价结果之中,这种评价模式有助于让大学生明确在学习过程中的优点和不足。可见,翻转课堂这种个性化的教学模式对于大学生端正学习态度、激发学习兴趣、提高沟通能力、培养正确的价值观以及促进大学生的全面发展都是有益的。

(二)将翻转课堂教学方法引入高校体育教学的全新高校体育教学模式

我们常说的高校体育教学模式主要是指在一定高校体育教学理念、高校体育教学思想的引导与高校体育教学理论的指导下,因此而建立的各种各样高校体育教学活动的基本框架或者基本结构,一般来讲,高校体育教学模式主要包含了多种要素,即高校体育教学理论依据、高校体育教学原则、高校体育教学程序与学习程序、教学资源与实现条件,以及高校体育教学效果评价,等等。将翻转课堂教学方法引入高校体育教学的全新高校体育教学模式具体包含以下几个方面的内容。

1. 高校体育教学的理论依据

高校体育教学中应用翻转课堂的教学模式主要的思想基础是"先学后教"思想,强调高校体育教学活动中大学生的教学参与和大学生的主体性。从高校体育教学的特征与行为心理学原理出发,特别是对操作性条件反射的训练心理学进行考虑,对高校体育教学的程序进行确定,具体是:利用视频学习——对于联系吸收理解——再通过视频回顾——互动反馈——强化实践——学习、掌握,并且在这样循环、反复的高校体育教学过程中,对于行为目标进行有效塑造;同时,按照学习的过程与教学的实际效果、学习主体对体育"教"与"学"的活动过程进行不断地完善与创新,促进高校体育教学目标与学习目标的实现。

2. 高校体育教学的目标与原则

对于高校阶段的高校体育教学目标而言,主要是为了对高校体育教学目标进行巩固与提高,即体育锻炼的思想、体育能力与体育习惯,对于大学生科学、积极、主动参与体育锻炼的行为进行引导与教育,对于现代体育科学中的基础知识、基本技术和技能、方法进行扎实训练;使大学生体育锻炼的参与意识得到强化,使其体育文化素养得到提高。

为了能够保证高校体育教学目标的顺利实现,对于将翻转课堂教学方法引入高校体育教学的全新高校体育教学模式而言,其教学原则是体育教师应该遵照大学生的认知水平与心理发展特征,加工整理高校体育教学内容,使高校体育教学设计、制作通俗易懂,同时还能够使大学生紧密地联系到自身已经掌握的认知结构,同时,对于优质的、适宜的高校体育教学视频进行选择;构建一个宽松的、民主的、轻松的交互式学习社区或网络教学平台,使大学生能够及时掌握学习反馈信息,并能够有效的发现问题、解决问题;在对总体学习情况进行把握的条件下,对于个体学习发展的过程给予重视,将高校体育教学过程中与学习过程中大学生的主体性作用充分发挥出来,尽可能地使大学生自己发展,对存在的问题自己进行分析与解决,同时对于自我认识、能力与技能进行深化、拓展。

3. 高校体育教学程序与学习程序

将翻转课堂教学方法引入高校体育教学的全新高校体育教学模式,其主要基础是优质的交互学习社区与视频资源,因此,可以将高校体育教学程序与学习程序进行如下的设计:对于高校体育教学内容进行预习——对于高校体育教学视频有针对性的进行观看,再进行示范、讲解——使大学生学习动机得到激发,对学习过程中的问题进行发现——在课堂教学中由教师对新课进行讲授,对于大学生的疑惑进行解答,并进行示范——由大学生自主进行练习与实践,对体育学习效果进行巩固——对体育学习效果进行反馈,由教师、大学生进行评价——通过资源拓展完善、知识和技能结构的扩展,以及反复练习实践对理解与训练效果进行加强。

4.高校体育教学的实现条件和教学资源

近年来,慕课教学平台的快速发展与互联网的广泛普及,创造了良好的条件以便于翻转课堂高校体育教学模式的实施。然而,对于现代高校体育教学来讲,我国的高校体育教学相关视频与学习资料还是相对较少的,所以,我国的体育教师应该从体育课程与教学内容出发,自行制作与设计高校体育教学资源。对于高校体育教学内容而言,主要有理论教学内容与动作讲解、演示的视频,保证体育练习活动的理解性与课余训练活动的实践性。既要有动作示范的要领分析,又要有训练实践的摄像记录视频,此外,还要有拓展性的教学资源和学习资源,以及专题性的研讨问题等。不仅如此,体育教师在组织大学生观看教学视频、开展练习活动和训练活动的同时,还要保证在交互社区体育教师能够对于大学生的疑惑及时地进行解答、讨论与指导。

5.高校体育教学效果与评价

将翻转课堂教学方法引入高校体育教学的全新高校体育教学模式,其实施能够使大学生体育学习的兴趣得到激发,使大学生自主发现、学习、探索、分析、解决问题的综合能力得到培养,同时促进大学生技术和技能的提升,同时还能够有效促进大学生自主学习能力、社会发展适应能力、互相合作能力的发展与培养,体育教师应该通过交流与活动对大学生的学习情况与进度实时地进行了解,还要对反馈信息及时掌握,同时再从所获的情况出发,适当地进行引导,对于大学生的学习积极性进行鼓励并充分调动,在高校体育教学与讲解活动开展的过程中,针对不同的大学生因材施教。将翻转课堂应用在高校体育教学中的相关活动适宜于小班教学,所以,在大班教学中一般很难实施。而对于大学生的评价而言,需要注意的是,它同其他文化课程是不同的,在对其学习好坏进行衡量的时候,不能单纯地将考试成绩作为标准。在高校体育教学中,应该始终坚持"健康第一"的指导思想,同时,还要在体育考试的各个环节中渗透"健康"的标准,对于标准化的项目应该适当地减少技能考试,同时,还要有效改进高校体育教学的评价标准,尽可能地避免大学生由于害怕考试而出现的体育厌学心理与逆反心理,此外,对于大学生应该积极地引导,使他们加强对高校体育教学的相关认识,使得大学生体育锻炼良好习惯的养成得到促进,并且积极构建同高校体育教学目标相适应的人性化测试方法。

第五章 高校体育自主教学模式与合作教学模式

第一节 高校体育自主教学简述

一、自主教学内涵

(一)自主教学概念界定

体育自主教学即将大学生作为参与教学的主体,教学目标、教学模式、教学内容和方法都应该紧紧围绕大学生展开,并和教师因素共同构成体育自主教学系统。同时,健康、愉悦、放松等积极因素应该成为教学的主要源动力。

(二)自主教学外延释解

体育自主教学具有两个层面的双面性,对于教师而言,它是一种教学模式与方法,而对于大学生而言,则是一种学习的模式与方法。因而,从整体上来看,高校体育自主教学就是为了实现一定的教学目标,将大学生作为教学的主体,围绕这一主体开展教学模式、教学内容和教学方法的选择,充分发挥大学生的主观能动性,激发大学生参与热情的一种全新体育教育模式。从教师的角度进行阐释,自主教学就是为了实现一定的教学目的,根据体育教师的安排和规划,大学生根据自身的条件制订学习目标,确定学习内容,最终完成学习目标的体育教学模式。

二、自主教学模式的特点

关于自主教学,目前学界并没有一个严格的定义,大致上可以理解为"通过多种形式丰富教学手段,引起大学生学习的欲望进而对学习内容进行自发性、连续性的发散学习行为"。具体到我国高校的体育教学中,我们可以将其定义为在老师基本教学的基础上大学生针对自身情况制订学习方法,自我监控、自我调整、自我评价,最终实现体育教学目标的教学方法。根据自主教学的描述,我们可以发现它的主要特点有以下几点。

(一)主观能动性

主观能动性是素质教育的重要内容,也是高校构建体育自主学习模式的核心性特点,还是自主教学模式的基本特征。在传统教学模式中,体育教学和其他学科一样,教师往往处于教学的中心,大学生往往需要"跟着教师的节奏走",并按照教师设定的内容、方式、进度、目标进行学习。在这一模式下,大学生的学习很大程度上是被动的,大学生按照既定的模式进行,一方面没有充分结合大学生的特点和个体差异,同时也使得教学墨守成规,大学生的主观能动性和积极性受到一定程度上的限制。

在自主教学模式中,首先关注的便是大学生的个体特征,并将大学生作为整个教学的核心,所有的教学工作必须紧紧围绕大学生开展,同时大学生在教学中也必须扮演起重要的角色,而不再是单纯的按部就班。在这一教学模式中,大学生应该根据自身兴趣爱好和个人特质,结合教学实际情况,和教师一起确定教学的主题、方式和内容,并在教师的指导帮助下进行自主学习,自行选择学习目标、内容和方法,并积极主动地推进教学,充分发挥自身的主观能动性,逐步成为体育教学中体育知识、体育技能和方法模式的构建者。因而,自主教学模式是反对强制式、灌输式和被动式教学而主张主动式和探索式的自主学习模式。

(二)教学有效性

传统教学中被动性和灌输性的比重较大,其教学效果受到诸多因素的影响,由于没有充分结合大学生的个体特征,其教学效果往往主要依靠强制性的学习和反复的联系来实现。在教学实践中我们注意到,教师讲的内容都一样,但大学生的学习效果却有天壤之别,成绩优异的大学生无一例外都进行了相当程度的自我学习,而正是自主教学的深入开展,让他们学会了发现问题、解决问题,并适应了自我分析理解的能力,实现了从"鱼"到"渔"的过度。由此可见,自主教学模式的学习是有效的,因为在这一模式中,大学生成为了积极主动的主体,自主教学模式水平越高,则大学生的学习效果往往就越好,高校体育教学的质量通常也就越高。

(三)相对独立性

自主教学模式和传统的自学既有联系也有区别,虽然两者都鼓励大学生在整个学习过程中充分发挥自身的主观能动性,摆脱对他人的依赖,实现自身学习能力的提升。但是,自主教学模式同时也强调了自主学习过程的系统化,强调教师的引导与帮助和大学生之间的分享与交流,因而自主学习系统的独立是相对的,大学生不可能脱离教师和高校,完全进行独立的自我学习。相对独立性体现在两个层面:从宏观来看,体育自主教学模式中的构成元素——大学生、教学目标、教学内容、教学方式、体育训练的内容、阶段、时间等不能完全独立,大学生不可能完全脱离教师的指导和帮助;从微观来看,每一个元素从开始到设计,再到实施及总结,每一个过程大学生也需要来自教师和同学的资源共享及帮助与支持。因而,高校体育教学中自主教学模式的独立性是相对的,需要分清大学生的学习在哪些方面和过程是自主的,只有这样才能设计出更加符合教学实际的自主教学模式。

(四)情感丰富性

情感是现代教育中一个重要的概念,21世纪兴起的情感教育便是对这一要素的深入挖掘。情感对于教学具有明显的影响作用,积极乐观的情感会对教学产生积极的推动作用,而压抑消极的情感则无疑会对教学产生负面作用。在自主教学模式中,大学生的主观能动性得到积极地调动,其情感得到释放和良性的引导,和传统的教学模式相比,大学生在教学中往往可以表现出更加丰富的情感和积极的情绪。自主教学模式带来的轻松活泼的课堂气氛,互助共享的教学资源以及给予大学生的展示平台,都将有利地推动大学生正面情绪的释放,而这种正面积极情绪的释放,将对教学产生积极的推动作用,同时拉近教学双方的距离。

(五)范围有限性

自主教学模式并不是适用于所有的教学,因为对于某些要求极高且教学资源十分集中的高精尖项目(如核能、航天、军工技术等),采用自主教学模式未必能适用,或者是教学环境不允许。因而在教学实践中必须注意到,并不是所有的教学内容都可以完全采用自主教学模式,很可能某些学科只能部分采用或借鉴其思维。高校的体育教育和其他学科的教学目标存在巨大差异,通常来说,高校的体育教学并没有在知识模式方面有严格的教学目标,而更多是让大学生认识体育,热爱体育,并建立起积极乐观的心态和坚持体育锻炼的习惯,从而全面提升国民的综合身体素质。因而,高校体育教学是可以灵活化及自由化的,只要能实现最终教学目的,无须拘泥于传统的教学模式。

三、高校体育教学自主教学构建的重要性分析

(一)自主教学未成系统化

从"学习过程类"的问题分析可以看出,大部分大学生对自主教学这一模式表示认同,也愿意尝试进行自主性教学,但是由于自身自主学习能力普遍较高,他们又十分重视教师提出的教学计划,规定的教学内容,对自主教学的效果缺乏信心。在高校目前的体育教学中,大学生希望自身的自主学习能够系统化地进行,能够得到来自教师及同学的帮助和监管,并希望在这一过程中植入一定的教学机制,使自身的自主教学系统化、科学化地进行,而不是变为纯粹的自学。

(二)大学生渴望得到更大的自由学习空间

高校体育教学中,大学生十分渴望能拥有更大的自由学习空间,并期望通过自由宽泛的学习环境,真正在体育领域有所进步或发展。这些需求归结起来有以下几类:

第一,能够自主选择学习的内容,并和教师一起设定针对自身实际情况的教学目标。进行分组练习时,希望能进行自由组合,同样的教学内容,希望教师能够提出不同的学习和练习方法供自己选择。

第二,希望在体育教学中教师能够给予自己一定的自我展示平台,让自己充分展示体育特长,并分享自己的经验,和同学们一起学习进步。尤其是体育基础较好的同学,他们十分渴望在体育教学平台上收到来自各方的关注,将体育教学作为一个学习和自我展示的平台,并由此获得成就感和荣耀感。

第三，优化体育教学课堂的氛围和教学模式。大部分大学生希望在体育课堂上教师能安排一些个人练习和同学交流的机会，并希望高校能够让自己拥有自主选择体育学习项目的机会。同时，大部分大学生表示，并不喜欢刻板且一成不变的体育课堂，他们更加渴望和谐、融洽，同时充满趣味和互动的课堂。

第二节 高校体育自主教学模式的构建

一、高校体育自主学习模式的构建策略

(一)强化大学生自主学习的理念

在多数大学生的观念中，体育课就是打球、跑步，然后获得相应的学分，对体育课本质缺乏理解和认识，体会不到体育锻炼增强身体素质的重要意义。

1. 改变大学生的传统观念

使大学生认识到体育课对自身身体素质提升的重要性，让大学生了解到自主学习体育课程能提升自身的交际能力，同时有效提高自身解决问题的能力，更好地适应未来社会的发展需要。这样能够增强大学生自主学习的意识，树立自主学习的观念，积极主动地、发自内心地参与到体育锻炼和体育知识的学习当中，从而有效地提升大学生自主学习的能力。

2. 促使大学生正确认识自我

高校大学生体育课程的选择和体育锻炼计划的制订都要以大学生自己的身体条件为依据。所以，大学生要对自身的状况有全面的了解和正确的定位。只有这样，才能够制订出适合自己的学习目标，进而制订出相应的学习和锻炼计划。

3. 增强大学生自我监控与调节能力

在培养大学生自主学习能力的过程中，教师要注意培养大学生自我监控和调节的能力，让大学生通过自我测试和反省等方式对自己制订学习目标和锻炼计划进行控制和调节，及时改变学习策略和方法，对自己获得的能力、技能和知识进行及时评价，树立自信、扬长避短，不断激发大学生学习的创造性和积极性，为自主学习能力的提升创造空间。

(二)打造"自主选择"的体育学习模式

在高校体育大学生自主学习过程中，教师应充分尊重大学生，根据大学生的不同体育运用情况，适时打造"自主选择"式学习模式，这主要包括自主选择学习的时间、内容和方法等方面，使体育真正走向大学生自主学习的模式，努力提高体育学习质量。

1. "自主选择"体育学习时间

在大学阶段，高校的教学管理形式是学分制，这种制度给予大学生在课程选择上有较大的自由，大学生可以根据自己的具体情况来安排体育课的上课时间。除了学分制之外，高校

还应该有针对性地创造条件,让大学生自由选择上课时间,这样能够有效地激发大学生上体育课的积极性,在保证与原有学分制同步管理的同时,有效地提升大学生的自主学习能力。

2."自主选择"体育学习内容

高校应该不断地丰富体育课可选择的教学内容,给大学生更多的、依据自己的兴趣爱好自由选择的机会,但是高校需注意调控大学生的学习活动,加强教学管理。

在高校体育自主教学过程中,应注意以下教学侧重点:第一,充分利用高校丰富的体育资源,给大学生更大的自主选择空间。在普修体育课上,要尽量根据大学生的兴趣爱好来安排教材的内容供大学生选择。在专项体育课上,在完成统一教学内容之后,尽可能留出适当的时间给不同基础的大学生进行自主的学习和锻炼。第二,大学生自主选择教学内容之后,教师要加强对教学的监督和管理,对学习要求有严格的标准,并安排相应的人员组织大学生之间相互交流和学习,在这一过程中教师要适时给予指导,保证大学生学习的质量。

3."自主选择"体育学习方法

每个人的身体素质都存在着非常大的差异,所以要求教师因材施教,根据大学生对教学内容理解和接受能力的不同,引导大学生自主选择适合自己的练习方法。此外,在不严格要求技术规范的教学内容时,不要限制大学生的练习方法,允许大学生用不同的方式完成同一内容的练习。例如,在进行篮球运球训练时,教师应该引导大学生以个人独立、小组合作等不同模式学习运球,并且结合运球竞赛、游戏等方式,激发大学生自主学习的积极性。

二、建立并完善科学合理的自主教学教育模式

建立一个科学合理的自主教育模式是发展高校体育自主学习的基础,为此,我们应该彻底改变传统高校体育教育的教师本位思想,将大学生完完全全作为教学的核心,所有的教学都围绕大学生展开。建立这样的模式,应该考虑到以下一些因素。

(一)组织引导系统

组织引导系统是高校体育自主教学模式的首要环节,也是这一系统的基础和流程导向,具有重要的基础性作用。组织引导系统的主要作用在于宣传自主教学模式的理念和基本模式,并通过宣传让大学生逐步认识、感知并接受这一新兴教学模式。此外,组织引导系统的另一重要作用在于激发大学生对自主教学模式的参与热情,通过丰富多样的形式将大学生引入到相关体育教学之中,并让大学生对学习产生深入理解和挖掘、自我探索的欲望。可以这样说,组织引导系统是激发大学生参与自主学习的首要和关键性环节,这一环节将为高校体育自主教学模式提供强大的源动力。

组织引导系统的核心在于教师的组织和规划,首先,教师应该对教学目标进行宏观设置和整体把控,并进一步将目标细化为整体目标和阶段性目标,根据目标的设置规划相应的课程与教学手段。在组织引导阶段,课堂教学的内容与形式十分重要,需要快速抓住大学生的

注意力和兴趣,并给予其宽泛的想象空间,这对于后续自主学习系统的推进十分必要。以课堂教学的引入为例,传统的体育教学往往缺乏课堂教学的引入环节,而在组织引导系统中,高校可以尝试以下热门的话题来展开本堂教学,即设置相应的课堂教学引入机制,如精彩激烈的 NBA 比赛、奥运比赛、街舞、扣篮进球集锦等。这些内容紧扣教学内容,可以在很大程度上激发大学生的兴趣和激情,对比传统的集合加解散模式,显然更有利于塑造教学氛围,并能够鼓励大学生积极参与其中,在课堂的一开始便抓住大学生的注意力,从而为后续教学带来方便。

(二)学习系统

这是自主学习模式的核心组成部分,即建立并完善大学生的学习模式,学习系统主要包括内容和方式两个层面,这也是学习系统需要明确的两个基本要素。内容,即大学生需要明确地选择出学习内容,这一内容可以是多样的,但应该充分结合大学生的个人身体特质和兴趣爱好,经过教师的帮扶和建议,最终确定;而形式则是指大学生自主学习的方法,大学生可以自己进行,也可以分小组进行。分组进行是常用的一种学习系统方式,其学习效果也比较突出,高校可以在学习系统中参考这一模式。首先,教师根据大学生的意愿和自身的教学计划综合划分小组,并对各个小组设立考评机制,主要根据小组学习情况和最终教学目标的实现程度进行评价。这样,小组之间便可以形成良性竞争的机制,而在小组内部,各个成员之间亦可以进行经验分享与学习上的互助,从而在内外两个层面提升学习系统的效率和教学效果。

除了内容与方式两个基本层面,学习系统还需要设置一定的后续配合内容,如在大学生选择了学习内容之后,则期末的体育检测便可增设考核大学生自己选择的项目并保持一定的权重,这样会使得大学生在选择的时候十分用心,能够充分结合自身的实际情况,并在后期学习时也十分努力。同时可以在课堂上组织大家讨论采用什么样的方式来进行教学,讨论之后教师再综合考量大家的意见。通过反复地练习来不断反思和总结,再向同学和教师寻求帮助。

(三)过程控制系统

过程控制系统属于自主教学模式中的控制性和辅助性环节,也是自主教学模式区别于传统自学的重要因素。一般来说,过程控制模式分为两个部分,即帮助和监管,高校可以基于这两个模块构建过程控制系统。帮助模块主要为解决大学生自主学习过程中遇到的各种问题。由于体育运动的内容深入到社会生活中的各个层面,在大学生自主学习的过程中,不可避免地会遇到各种学习和体育运动实践方面的问题,如锻炼方式、运动技巧、各项体育运动的细节动作、比赛规则等,如果没有科学有效的帮助系统,那么大学生的疑问将会越积越多,最终严重影响自主教学模式的推进。在帮助模块中,可以设置师生之间、大学生之间和小组之间等多种形式的帮助,大学生可以自我解决,也可以讨论解决,当然也可以寻求教师的帮助。通过帮助模块的设置,大学生在自主学习过程中的疑问可以得到及时有效地解决。

除了帮助模块,监管模块也是过程控制模式的重要组成部分,自主学习模式在推进的过程中,教师必须对整个过程进行监管,保证教学的正常进行,同时保证教学目标的实现。换言之,教师必须通过一定的手段,及时有效地掌握大学生学习情况,当出现偏差或者教学环境发生变化时,教师应当及时调整教学计划和自主教学模式。监管模块的方式十分多样,例如,教师可以定期开展座谈会,开展大学生小组内部讨论和小组之间的讨论,在讨论中分享学习经验,共同探讨学习问题,而通过这样的讨论,教师可以及时地把握大学生的学习动向,以便于洞察当中存在的问题,进而及时纠正和调整。从这一层面来看,过程控制系统是保证自主教学模式按照既定模式发展的有效保证,这一系统的缺乏,将很容易导致自主教学模式变得散乱无序,进而偏离教学目标。

三、分层教育法的构建

分层教育法是近年来兴起的一种全新教育模式,特别适合大学教育,和高校体育自主教学模式的构建有着良好的切入度。根据目前的教学实践效果来看,分层教育系统是实现和推动自主教育模式发展的强大工具和有效手段。分层教育法的主要特点便在于对大学生群体的重新划分,它充分结合了自主学习的特征与客观要求,更加重视大学生的个体差异与个体特征,从根本上颠覆了传统体育教育的模式和教学目标,在灵活开放的大学教学环境中特别适用。

在目前的高校体育教育中,体育教育类别的划分往往比较粗略,仅仅是将专业与非专业类的大学生进行分类,而大量的非体育专业大学生将沿用一个教育模式。除了进行专项培训的大学生之外,其余大学生统一划为非专业类进行体育教学,采用公共教育课程和体育兴趣选修相结合的模式进行教学。这一模式沿用多年,取得了一定的教学效果,但是面对新世纪素质教育的深入拓展和教学环境的变化,逐渐表现出越来越多的问题。首先,大学生的个体意识不断增强,兴趣爱好各不相同,且体育基础和发展锻炼方向各有差异,不仅如此,在非体育专业大学生群体中,也不乏对体育运动充满激情,渴望得到专业培训的大学生,而传统的划分模式,对这些问题的处理显然心有余而力不足。

四、建立科学人性化的检测模式

在传统教学中,教学检测是体育教学的末端环节,实际上,每一次教学检测都是对整个教学系统和教学效果的总结与评价,经过总结与分析,可以为后续教学的改进与进一步发展提供有效的支撑依据,因而科学人性化的教学检测模式,对于教学模式的实施与发展同样具有重要意义,对于自主学习模式而言,亦是如此。在体育教学的检测模式方面,大体上采用的是"评分制"和"及格线"的模式,即根据大学生学习的内容设置相应的考试内容,如立定跳远、跳高、百米跑、一千米长跑等,根据大学生的测试成绩打分,再判断是否及格。当然,在素质教育不断深化的今天,测试的手段和内容在不断丰富发展,考试的内容也趋于多样化,结合大学生实际开设了乒乓球测试、网球测试等项目,同时引入许多先进的体能测试设备,在提升检测精度的同时提高检测活动的趣味性。可以说,这些措施是行之有效的,相比传统单一生硬的检测模式更加有效生动,但是必须注意到,在现代化的检测模式下,"评分制"和"及格线"的模式并未得到根本性的转变。在这一传统模式的影响下,体育教学效果检测受到较大不利影响。首先,大学生的身体机能和体育综合素养存在必然的差别,划分统一的"及格线"显然不够准确和科学;其次,对于大学生的测试结果,简单地以是否"及格"进行评价,显得太过粗略,对于大学生后期学习的改进和教学方法的调整并没有明确的指导作用;再次,这种检测评价模式很容易挫伤部分大学生的自尊心,从而进一步削弱其参加体育运动的兴趣与热情,甚至对体育教学产生抵触情绪,这对于高校的体育教学十分不利。因而,为了完善自主教学模式,高校在体育检测环节应该尝试更加人性化和更加科学的模式,只有这样,才能真正有效地检测自主学习效果,同时为后续学习教学工作的调整提供有效的支撑。

首先,"及格线"这一指标化的模式应该逐步被弱化,针对大学生的个体特征和综合身体素养,除基本身体机能测试项目之外,应该更多地和大学生学习的课程结合起来,如各类体育运动,参加体育比赛的成绩等。对于测试结果,必须和大学生的身高、体重等基本身体综合素质紧密结合起来,由此判断大学生的身体机能是否正常,在哪些方面需要加强,后续学习的重点在哪些方面等。这样的测试方式显然更加人性化,充分考虑了大学生个人身体素质的差异,同时也更加全面和科学。在测试过程中,借助于现代化的各种检测手段、仪器,可以进一步提升测试的趣味性,如阶梯测试仪(用以测试综合身体机能)、身高体重测试仪、肺活量测试仪、跳高测试仪等。在测试的过程中,可以尝试将体育检测与大学生身体机能的检测结合起来,形成针对大学生综合身体素质评判的完善数据,这对于高校体育素质教育的推进具有十分重要的意义。测试完成之后,"评分制"的模式同样也应该逐步淡化,对于大学生的测试结果,不再以简单的分数进行表示,而是出自一份详细的检测报告。在报告中,详细列举大学生各项检测数据,对比大学生的身体要素,指出大学生在哪些方面机能正常,值得保持,同时指出大学生哪些机能需要加强,并给出改善和运动的建议,同时列举不良生活习惯,呼吁大学生克服或改正。这样的检测模式实际上极大扩充了目前体育教学的检测环节,人性化的检测模式在发挥科学检测效果的同时也可以大大拉近大学生和体育运动的距离,让大学生认识到体育运动和自身身体机能紧密的联系。检测报告给出的数据和分析结果无疑可以有效激发大学生进一步自主学习的热情,而报告中给出的建议,则可以成为大学生进行后续自主学习的范本与引导性文件,具有很强的实践操作意义。对于自主教学系统的完善和形成良性循环,具有不可替代的积极作用。

五、积极扩展课堂外延

为了发展自主教学,我们必须将体育教学的课堂从单纯的操场分离出来,将普通教室、多媒体教室、网络化教室等元素也引入体育教学。例如,跳高的教学,传统教学方式就是教师简单的示范和大学生反复的练习,而当中的细节动作和技巧,教师的讲解未必能让大学生充分理解,同时有些教师的示范本身就不甚标准。而若扩展课堂的外延,在教师简单讲解之后便可在多媒体教室给大学生播放跳远比赛的视频,这样的效果来得更直观,大学生也更容易理解。而在教室中我们则可以组织大学生讨论,这样可以激发大学生的学习热情,从而为自主学习的开展带来便利。不仅如此,开展第二课堂也是发展自主学习的有效方式,我们可以经常开展篮球比赛、乒乓球比赛、羽毛球比赛等活动,这样的活动很容易吸引大学生的参加,而为了在比赛中有较好的表现,大学生对相应的活动进行精心的准备和大量的练习,在这个过程中不可避免地会对相关的体育知识和技巧进行学习和研究,这其实在很大程度上推动了自主学习的发展。

六、加强现代科技与自主学习的结合

(一)加强 CAI 系统与体育教学的结合

CAI 也就是计算机辅助教学系统,凭借其强大的多媒体功能和良好的互动性在教学中得到了广泛的运用。体育教学强调身体语言,不论是广播体操、篮球、乒乓球还是羽毛球,都是由一整套复杂连续且节奏较快的动作组成,传统的讲解很难让大学生产生直观的印象,也使得大学生把握不住当中的难点与易错点。而借助 CAI 系统,我们可以给大学生播放相关视频,让大学生对整套动作和流程有一个非常直观的印象。以广播体操为例,我们可以给大学生播放国家体育教育制作的标准动作示范,在此基础之上给大学生讲解当中的要点,这样给大学生的印象才十分直观。对于体操动作当中的难点,我们可以暂停、慢放、定格、反复重放,让大学生看清楚,并及时的组织讨论,保证大学生能够真正地理解当中的要点。

(二)逐步推广新兴课件化教学系统

课件化教学系统主要由播放设备、投影设备和遥控设备组成,用户群日益庞大,网络资源也十分丰富。以篮球教学为例,篮球运动十分激烈,不论是相关动作还是复杂的规则都不易讲解清楚。对此,我们可以制作形象生动的课件,在课件中融入图像、视频等元素,由于课件系统高度的自创性,因此较 CAI 更加人性化。比如,"单手肩上投篮"是一个常用的投篮动作,我们可以在课件中以 flash 的形式对当中的"蹬、伸、屈、拔"等关键性动作进行分解,还可以用 flash 小游戏的形式来让大学生进一步加深自己对所学内容的印象。

(三)搭建网络教学平台

网络教学平台并不是新生事物,在我国的高校教育中也得到了较为普遍的推广,利用校园网、大学生电脑端口和高校的资源库,大学生可以及时地查阅、下载相关信息,并进行教学、考试、报名、缴费等一系列的操作,其便利性和完善性较好,这为体育自主学习模式网络教学平台的搭建提供了良好的基础平台。

网络平台虽然在教学管理和部分学科教学中得到和广泛应用,但高校在体育教学领域并没有充分利用网络平台,体育教学很大程度上还是更加重视操场和场地训练的作用。实际上,根据分析可以看出,在自主教学的模式中,教学双方以及大学生之间及时有效的沟通交流和资源共享是十分重要的,这贯穿于组织引导、学习、过程控制和总结评价这四个子系统中,因而高校在这一方面应该充分利用自身已经具备的校园网络软硬件设备,加快构建体育自主学习网络平台。

第三节 高校体育"三自主"教学模式分析

一、"三自主"教学的实践过程

实际上,当时在全国有一部分高校已经开始了这一改革的探索与实践,只是还没有"三自主"教学的称谓,有的称之为选项课,有的叫选修课,有的叫专项课,虽然叫法不同,但基本形式和改革思路大致相同。这项改革现在回头来看,可以说是体育教育思想的一个大转变,是高校体育教学改革的一次大尝试,也是社会发展对体育教育提出的必然要求。

自21世纪开始,全国大部分高校开始了"三自主"教学的尝试。但由于绝大多数高校实行的仍然是学年制下的体育教学,在这种教学制度下要完全实施体育教学的"三自主"难度很大,尽管各高校都在努力实现这一目标,进行大学生选课的各类尝试,但与真正实现"三自主"教学还有相当的差距。

从多年的实施情况看,多数高校在总的框架和体系上没有根本性突破,实际效果并不理想,与构思和想象相差甚远,还有很多问题需要解决。从课程设置来看,也是多种多样,有的是一年级开设基础体育课、二年级开设选修课;有的从一年级入学就开始选;有的第一学期开设体育素质课,从第二学期开始选课;有的高校一年选一次,有的高校一学期选一次;有的高校一选定终身;有的名义是选课,实际上开的是专项课,等等。

二、高校"三自主"体育教学模式实践的现状

(一)高校实施"三自主"教学模式的实践现状

在课程设置上,实施与学分制相结合的开放式选项设置。大学体育作为一门公共必修课程,高校一般规定大学生必须在一二年级修完4学期的体育课程,修满合格后获得4个必修课程的学分。在实施"三自主"体育教学后,尽管高校打破院系、班级建制,组建体育课堂,

但是由于受到场地、器材、时间以及班级人数等因素的限制,大学生选课的自由度受到了一定程度的限制。为解决这一矛盾,部分高校还打破年级限制,允许大学生在校学习期间任选4个学期修读大学体育课程,只要在毕业前拿到4个必修课程的学分即可;部分高校实施"三自主"体育教学时,规定在一二年级必修,但是对有发展需要的大学生,在三四年级开设非限定性选修课。这些做法能够灵活照顾大学生的需要,深入贯彻以大学生为本、健康第一和终身体育的教学理念。

在项目设置上,多样化与规范并举。自主选择运动项目是"三自主"体育教学的重要内容之一,但受主客观因素影响,基本上没有高校可以做到由大学生完全自主地选择自己所喜爱的学习项目,都是基于高校项目设定范围内的大学生自主选择,但绝大部分高校设定的教学项目都超过10项,课程项目呈现多样化趋势。一般包括篮球、足球、羽毛球、排球、乒乓球、网球等球类项目,武术、太极拳、瑜伽、传统养生等保健类项目,散打、跆拳道、女子防身术等格斗类项目,健美操、体育舞蹈、街舞、艺术体操、形体舞、集体舞等艺术类项目,飞镖、围棋、桥牌、轮滑、定向运动、野外生存、攀岩等时尚休闲类运动项目。各高校充分利用现有场地器材条件,积极创设条件,尽可能多地满足大学生的需求,但是项目细分与多样化也带来了不规范的问题,因此高校也逐渐对项目进行了统一与规范。如将形体舞、街舞、集体舞、体育舞蹈合并统一为大众健美操,将长拳、太极拳、散打合并规范为武术,淘汰飞镖、围棋、桥牌等体育健身价值不高的项目。

在项目教学上,改造与拓展相结合。"三自主"体育课程教学模式不仅要使大学生愿意去学,更致力于使大学生学得开心、学有所获,从运动参与、运动技能、身体健康、心理健康、社会适应方面都能得到提高。因此,专项教学需要使大学生与教师、大学生与大学生、大学生与社会有机统一起来,实现教师的教与学的结合、教材教学与身体活动结合、教师主导与大学生主体结合,建立课内外、校内外有机联系与协调统一的教学体系。这就要求教师要对选项教学内容进行改造与拓展,如对体育锻炼价值较高而受到大学生冷落的田径等项目进行改造,这并不是对传统项目教学内容的全盘否定,也不是说田径教学要一味迎合大学生的兴趣爱好,而是指对教学内容加以取舍、改造,经过提炼与优化组合后分解到各单元教学中去。对项目教学内容进行拓展,是指引大学生从单一地学习专项技能向提高综合体育运动能力方面发展与转变的重要举措。

(二)高校实施"三自主"教学模式的成效

"三自主"体育教学模式更有利于课程目标的实现。高校体育课程改革的终极目标是使大学生的身心健康水平、个性发展需求、合作与竞争意识、社会适应能力得到最大化发展。"三自主"体育课程教学模式打破原有院系、班级甚至年级与性别的局限,组建新的体育课堂,而且在每学期或者每年一变的新班级中学习,就需要大学生能不断地适应新的群体,在新的群体中交流与合作,形成正确的合作与竞争意识,社会适应能力不断增强。同时,"三自主"体育教学模式与以往的教学组织形式相比,最大限度地满足了大学生的个性发展意愿,使大学生在积极的学习心态中主动构建新知,上课时表现出来的自信心、求知欲、表现欲和敢于发挥与创新、敢拼敢闯的精神是传统体育教学无法比拟的,更有利于大学生身心健康素质、体质健康水平、综合素质与实践能力的提高。

"三自主"体育教学模式更有利于发挥教师的特长,激发教师队伍的竞争性。"三自主"体育教学模式是大学生结合自己的运动技术水平与兴趣爱好基础上的选项,教师根据教学需要和自身专长与优势担任教学任务,在这两个前提基础上的教学对教师素质提出了更高的要求。教师利用自己优势与专长的项目进行教学,使教师能够体现"人尽其才"的自我价值,使其满怀信心、积极主动地参与到课程教学中,极大推动了体育教学水平和教学质量的提高。因此,"三自主"体育教学更能不断推动教师学习和提高,鞭策教师进步,建立起一支充满竞争性与发展性的教师队伍。

三、深化高校"三自主"体育教学模式的对策

(一)课内外结合与划块

高校体育课程的学习时间高度集中,如何才能最大限度地利用好现有的体育设施。具体而言,可以采取以下几点措施:一是可以尝试拓展体育学习时间,将课内体育教学与课外体育活动结合起来,如体育舞蹈、形体课、艺术体操等可以利用夜晚的时间进行,而对于高度热门的选项课,还可以利用周末的时间组织;二是在网络选项实施之初先划块,在最大限度利用资源的基础上排定课表,由大学生进行选择。

(二)进修与引进相结合

目前高校在解决师资供需矛盾时,一般采用教师自主学习或者公派进修方式来解决,这种途径简便快捷。还有部分高校采取人才引进或者外聘的方式,对外聘教师进行合理地考核与监控,也能较好地满足教学需要。

第四节 合作教学模式在高校体育选修课中的应用

一、合作教学模式概述

(一)体育"合作教学"的含义

合作教学的研究者从社会学、哲学、教育学和心理学等各个角度研究学习者学习活动中各种因素的作用,从而提出在教学活动中要进行合作教学的理论。在此基础上归纳总结出合作教学的定义:合作教学表述为以合作教学小组为基本形式,系统利用教学动态因素之间的互动,促进大学生的学习,以团体成绩为评价标准,共同达成教学目标的教学活动。

具体来讲,合作教学具备三个方面的基本特征:第一,合作教学要以合作教学小组为基本形式,只有通过小组方式才能形成紧密结合的一种学习方式;第二,要利用小组间的互动关于教学内容等因素的讨论,在互动交流中发展大学生的推理能力、合作意识以及解决问题、人际沟通的各种能力;第三,这种教学模式要以整个小组即团队的成绩为评价的标准,其能够有效地促进团队成员间的相互合作,改变个人独立学习的学习态度。

(二)高校体育教学中合作学习的意义

1.合作教学能充分体现大学生的主体性

合作教学的教学模式使教学转变为互动式的教学形式,充分体现出了大学生的学习主体性特征。合作教学不仅能够给予大学生学习的自由空间,更能够在合理分组的基础上促进大学生之间的沟通与交流。在体育合作教学的模式中,大学生利用团队的合作精神能够很好地建立相互间的信任,充分表达自我的观点,锻炼思维能力,真正实践以大学生为主体的教学思想。

2.合作教学能促进大学生身心的全面发展

体育本身就有促进大学生身心健康发展的作用,但是要想真正发挥出体育的这种作用,还要求大学生能够进行合作学习。合作教学的教学模式通过小组的合作,加强了相互间的人际交往,能够促进大学生在情感上、认知上以及身体上的全面发展,将大学生的个体差异融入一个小的集体中,在共同探索和学习讨论中改变着每个人的社会认知。同时,良好的身体素质以及融洽的人际沟通能够使大学生减轻体育学习的压力,产生更大的学习兴趣,保持心理健康。

3.合作教学能够培养大学生的团队精神,调动学习主动性

高校体育合作教学模式有助于培养大学生的团队精神,充分调动大学生学习的主动性。大学生通过整体的合作来与其他小组形成竞争,这就调动了大学生学习的主动性,同时也培养了每个大学生的团队精神,体育赛事中往往最需要团队中每位成员的相互合作。

二、合作教学的基本原则

(一)以问解答

在高校体育教学中,不断提出问题作为提高教学效果的有效手段之一,不仅加强了与大学生的交流与沟通,而且能够时刻掌握大学生对教学方法、手段、内容的意见以及学习效率等情况,有利于对存在的问题及时进行适当地调整和改进。因此,在体育教学中要以提出问题为中心,千方百计为大学生设计问题情景,让大学生在解答问题的过程中寻求合作教学所带来的效益。此外,坚持以问解答原则突出了体育知识技能学习的普遍性。有些动作技术比较复杂,在讲解示范层面不易掌握,必须深入研究、反复练习,才能掌握技术动作的细节。提出问题不仅激发了高校大学生深入探究、认真学习的激情,而且可以培养大学生的创造性

思维,对于继续学习相关的体育技术动作具有"迁移"作用。

(二)以灵带活

高校体育选修课教学的主要目的是改善大学生的体质,增进健康,培养终身体育意识来应对未来的挑战。在这一总体思路下采用合作学习教学模式,不仅要注重教学内容、方法的灵活性,还要不拘一格,把所采用的教学策略、教学方法与教学手段放在一个比较轻松的教学环境背景中,开阔大学生的思维,使大学生敢于交流、勇于沟通。这种沟通不是简单的集体小组讨论,而是建立在提出问题的基础上,深入研究体育技术动作的结构、要领,方式灵活,集思广益,共同思考,以达到共同进步的学习目标。因此,建立合作教学模式要坚持以灵带活的原则,充分发挥合作教学在高校体育选修课教学中的作用。

(三)体验实践

练习是高校体育课普遍采用的基本学习方法,而且练习在一节课中所占的比重通常比较大。合作教学模式注重实践性,这种实践性是在井然有序的教学秩序下强调"小组"的作用。由于思维方式被无限扩大,理解空间也就被无限放大了,可以创设多个学习环节和情景,因此,掌握技术动作的效率明显提高。

(四)主动配合

构建合作教学模式要强调师生、生生之间的主动合作,这是学习态度和意识的体现。把学习观点和思维方式全盘托出,互相信任,只有这样才能在深层次上理解动作结构。教学方法、学习方法、教学内容、教学组织等方面都可列入讨论的内容,但同样要求主动配合。为了不影响合作教学模式的构建,必须妥善解决问题,以强化主动合作意识,营造一个健康和谐的学习氛围,提高教学效果。

三、合作教学模式在选修课中的基本功效

合作教学模式可以使这样的大学生在课堂上分组讨论,理解并掌握与体育相关的保健知识,这对他们自身的协调发展有相当大的益处。

(一)关注个体差异,开拓思维

针对大学生的性格特点,在体育教学中不断关注个体差异,使体育教学面向全体,在进行分小组合作学习时注意缩小差距。在研究讨论时尽可能地发展他们的创造性思维,培养其积极主动参与的意识和分析、解决问题的能力,培养成功性思维。

(二)进行案例分析,培养兴趣

为了尽可能地培养班级课堂学习骨干,很多体育教师会在每小组中安排各方面素质都很强的大学生担当小组长,在小组长的领导下进行各种案例分析,特别是那些比较复杂的动作技术。对每个大学生的典型示范进行案例分析,提高了大学生对技术动作的掌握程度,培养了大学生的体育兴趣和参与运动的持久性。

(三)人性化管理,获取自信

合作教学模式体现了"人性化"的管理理念。在学习过程中,整个小组既要面向全体,又要关注个体差异,使每个大学生都有参与的机会。机会均等有利于培养全体大学生的自信心。小组教学中对个体讨论意见的尊重以及练习时彼此借鉴,有利于学习效率的提高。

四、体育合作教学模式应注意的问题

(一)体育教学方法的运用

在任何情况下,采用不同形式的教学方法的主要目的,都是为了使教学进度和教学效果达到最优化,让不同层次的大学生在最短的时间内获得最大的学习成果。无论是传统的教学模式,还是新型的教学模式,在很大程度上运用教学方法的主要目的都是一致的。在合作教学过程中,体育教师往往会运用一些比较先进合理的教学方法,如探究式、讨论式、自主式、启发式、案例式等。这些教学方法深受广大学生的欢迎,取得了相当好的教学效果,大学生对运动技能理解、掌握的效率也会随之提高。

1. 满足大学生心理需要

众所周知,现在的教授群体多是富有独特思维方式的特殊群体,他们在理解世界、感悟社会的过程中对新事物充满了期待和挑战。

2. 革新的需要

高校体育教学改革是高等教育教学改革的重要组成部分,而教学方法的改革也是其中非常重要的一部分,建立新型的积极因素是基本途径。目前,很多高校都在试图建立一套科学合理且行之有效的教学方法,在采用合作学习教学模式的过程中,新型教学方法的运用也体现了该教学模式的时代性和先进性,符合高校体育教学改革的基本需要。

3. 提高教学效率的需要

在合作教学过程中,运用新型教学方法不仅提高了学习伙伴之间的学习热情,而且加强了生生、师生之间的沟通能力,培养了他们对特殊问题采取特殊解决方法的能力,开拓了独立解决问题的基本渠道,为今后课内外体育活动的开展奠定了基础。此外,根据教学目标建立的各小组,可以利用新型的教学方法建立一种信任机制,在脱离教师指导的情况下进行自主练习,互相取长补短,相互信任,根据自身对问题的理解程度构建符合自己实际情况的学习策略,有效地提高了学习效率。

(二)考核成绩的评定

构建合作教学模式最重要的就是如何进行评价,它与传统的体育教学评价方式存在很大的不同。传统的体育教学评价多是跟踪式的教学评价,以课堂教学效果为目标,根据大学生对动作技术的掌握程度来进行评定,突出大学生个体之间的竞争;而合作教学评价则把个人之间的竞争转化为小组之间的竞争,把计分方式改为小组计分,把小组总体成绩作为奖励或认可的依据,形成了"内部成员合作,外部成员竞争"的新格局,使得整个评价由鼓励个人竞争达标转向鼓励大家合作达标。这种评价以小组成绩为依据,大学生能否得到好成绩不仅取决于个体成员的成绩,而且取决于其所在小组成员的总体成绩。合作教学的教学评价使小组成员认识到,小组是一个学习的共同体,个人目标的实现依赖于集体目标的实现,小组成员的共同参与才是合作学习所需要实现的目标。这种评价可以激发小组成员互相帮助,鼓励合作竞争,以实现"不求人人成功,但求人人进步"的教学评价目标。这不仅有利于培养自主学习的习惯,而且还可以培养舒适健康的、高成就动机的教学环境。

(三)体育教学资源的有效开发利用

合作教学模式的最大优势就是能够实现体育教学资源的有效利用。随着城市化进程的推进,合作教学模式可以充分利用现有场地资源进行体育教学,由人人拥有器械场地缩减为组组拥有器械场地,不仅显著提高了分配使用率,而且也使大学生学会了如何利用有限的资源进行体育锻炼,节约了场地器械,突出了小组合作的优势。同时,在教学过程中,各小组可以根据分组情况以及项目内容对体育场地、器械进行合理分配或再分配,使体育教学资源得到合理、有效利用。

五、高校体育合作教学模式的构建

(一)体育合作教学模式的基本要求

1.合作教学分组

体育合作学习的教学分组主要以组间同质及组内异质进行:组间同质是指各组组间的大学生水平基本一致、保持均衡;组内异质是指各组组内成员各方面之间都有一定的差异,主要包括大学生性别差异、大学生学习成绩差异、大学生特长差异、大学生体育技能水平差异等方面。同时,体育合作教学的分组还必须考虑大学生的兴趣以及意愿。

2.教学中的教师任务

课前,教师在充分了解大学生水平的基础上,根据具体教学内容设计相应的教学方法及教学任务,在体育教学过程中进行主导性讲授并对大学生进行合作教学指导。

3.教学中的大学生任务

在体育教学过程中,大学生应根据教师布置的教学任务及要求,以合作教学小组为基本单位,充分发挥自身的主观能动性,采用多种途径,并通过集体合作来完成。

4.体育课的开始部分

为提高大学生的讲解、组织、示范等方面的能力,以体育合作教学小组为单位,让大学生轮流带领其他同学做准备活动。

5.集体讲授课

教师根据不同的教学内容合理安排集体讲授和分组合作教学的时间比例,讲解过程要突出重点、简单明了、注重效率。

6.合作教学小组的课堂活动

教师在大学生进行合作教学之前要向大学生讲明以下几个方面的问题:只有合作学习小组的大学生都完成了教学任务,整个小组的教学任务才算完成。合作教学小组的同学要互相监督,检查同伴完成教学任务的情况,确保都能够完成教学任务。教师在大学生进行合作教学时,要进行巡视、观察、记录并适当地进行指导等工作。

7.测试与反馈

大学生在完成教学任务后,要进行独立性测试或者进行合作教学小组间的竞赛。教师根据测试或者竞赛的结果进行评价、总结,使大学生认识到自己的不足,以便日后改正提高。

8.课后任务

根据教学目标、教学要求合理布置课后复习、预习任务及作业。

(二)体育合作教学模式在体育教学中的应用

1.大学生自学

体育合作教学的前提是大学生个体学习,练习所学动作技能。体育教师要根据不同的教学内容、教学任务、大学生水平等方面制订相应的教学目标。要突出教学的重点难点,要求大学生根据教师设计的技能学习流程以及个人所创造的新颖动作进行自学、自练,并根据个人特点选择场地器材。

2.小组讨论

大学生完成自学后,教师要组织好大学生的小组内讨论,让大学生体验成功的喜悦。讨论的时间要根据教学内容、教学难度进行确定,时间以5~7分钟为宜。在小组合作学习完成后,还可以进行组间交流,教师可以根据大学生的交流结果进行总结、补充并适当进行讲评。

3.大学生自主练习

在大学生自学、小组讨论、交流以及教师讲评后,大学生再进一步地练习提高技术技能,以期取得最佳的学习效果。

4.大学生技能展示

大学生在完成动作技能的学习、练习后,每一个小组可以选一个代表,在全体成员面前展示学习成果。

(三)高校体育合作教学模式的构建路径

1.转变传统体育教学思想,培养大学生合作学习意识

新时期高校体育的发展现实要求各高校必须转变传统的体育教学思想,更加重视对大学生全面素质的培养,充分认识到提升大学生合作学习意识的重要性。教学思想是指导教学实施的一个前提和基础,合作教学的思想是根据小组学习中的团体压力和相互间的沟通

交流来提升大学生的学习主动性、体现大学生学习的主体性。通过小组的合作学习改变传统以教师为主的教学模式，真正让大学生成为教学的中心，形成师生间、大学生间的动态互动模式，从而能够相互借鉴、共同学习。

2. 创新设计大学生合作学习的过程，进行合理分组

高校体育教学模式在真正实施中，要创新性地设计大学生合作学习的过程，即大学生按照怎样的方式进行具体的合作学习。首先，要根据教材的内容来制订方案，目的是达到教材中某一时期的教学目标，只有拥有正确的目标才能进行追求；其次，根据每位大学生的不同兴趣爱好以及身体状况、体育特长等进行分组，并制订小组的目标，这个目标的制订要符合小组的实际并能使每位同学都起到重要的作用。

3. 完善体育教学的评价标准，激励合作学习的主动性

高校体育合作教学模式的实施是否取得成效，是否符合教学目的，这都需要拥有一个具体的评价标准，合理的教学评价标准有助于激发大学生的学习主动性，也能够为教师提供一个明确的教学方向。合作教学的评价主要包括教师的评价、小组自身的自我评价以及其他小组的评价等，当然最重要的是要将小组视为一个整体进行评价，这样才能构成一个完整的评价体系。此外，教学评价要科学、全面，不能全部否定也不能完全认同，要本着对每位大学生有激励作用的原则进行平等的评价，在强调个人对小组重要作用的基础上，肯定每一位成员的进步，并能根据大学生的不同基础水平进行不同程度的评价。

（四）运用体育合作学习教学模式应注意的若干问题

1. 注意学习中的群体发展

体育合作教学小组的成员是由不同层次体育技能的大学生组成，这样的小组构成可以保证小组的成员对掌握每个体育知识、体育技能、技术都充分掌握。因此，在体育教学过程中，为使每一个大学生对体育技术技能的学习都达到最佳的效果。在体育教学的手段和方法的选择方面，要根据大学生个体的特点因人而异，创造适合每个大学生学习的条件和环境，以达到最佳的教学效果。

2. 注意培养大学生的创造能力

在体育合作教学过程中，教师应该给大学生更多的选择空间，为大学生提供发挥创造性的机会。例如，在体育教学目标、体育教学内容、体育教学方法、评价以及同伴等方面提供更多的选择，并提供大学生的判断能力以及优选能力等。

3. 注意充分发挥教师的主导作用

由于体育合作教学模式给了大学生充分的"自由度"及"自由权"，这大大提高了大学生的主动性，因此要注意"自由"与"随意"之间的区别，避免造成"放羊式"教学的局面。大学生在进行合作学习时教师要不断地进行巡视，对大学生在学习过程中出现的问题及时予以指导启发、引导大学生解决问题，进一步完成体育教学任务，提高运动技术技能。

4. 注意发挥小组长的作用

体育合作教学小组组长在合作教学中发挥着十分重要的作用，因此，体育教师在体育教学中要注意培养一批有较强工作能力的小组长。为调动大学生的积极性，可以采用竞争上岗的方式，充分发挥他们的助手作用，协助体育教师共同完成体育教学工作。

5. 注意师生互评促进提高

体育合作教学小组活动评价是体育合作教学的主要特点，也是检验合作教学效果的主要手段。因此，在对大学生体育学习成绩的评价方面要把重点放在大学生不同程度的进步上，根据进步的程度进行成绩评价，使不同水平的大学生在个人的努力下都能得到不同程度的肯定。

第五节 高校体育合作教学模式的构建与在健美操教学中的应用

一、合作教学模式在高校体育健美操教学中的意义

合作教学模式是自主学习模式的一种形式，从教学过程的集体性出发，在课堂教学目标中纳入合作性的团体，以培养大学生的合作学习能力。因此，在高校健美操教学中运用合作教学模式具有非常重要的意义。

（一）合作教学模式能够为大学生创设良好的教学环境和心理环境

在高校体育健美操教学中，由于大学生的个性和已有的基础各不相同，因而教师在进行教学设计和安排时要考虑到大学生的心理特点以及能力水平，注意采用不同的合作方法与形式，以适应不同层次大学生的个性发展和兴趣需要。同时，教师也要运用多种手段，积极营造能够引导大学生真正主动参与的教学环境，以使大学生真正成为教学的主体。

此外，合作教学模式下的教学环境轻松愉快，为大学生提供了发展个性、展示自我的平台，能够使大学生积极主动地学习，保证了大学生主体性的发展。同时，平等和谐的教学环境能使大学生真正感受到师生之间的平等合作关系，进而产生积极进取的活动和精神。

（二）合作教学模式能够使大学生更好地掌握健美操的技术技能，进而提高学习成绩

在高校体育健美操教学中，合作教学模式可以使大学生在相互学习、相互交流、相互帮助进而共同提高的环境中学习和练习健美操的技术技能。而且，大学生在学习的过程中可以依据自身的特点以及对健美操的动作风格和音乐的理解，在同伴的帮助下，选择适合自己的练习方法和节奏。另外，在健美操教学中运用合作学习模式，还可以使一些能力稍弱的大

学生在和谐的学习氛围以及同伴的帮助下，提高自己的学习成绩。

（三）合作教学模式能够为大学生主体性的发展提供有效的途径

大学生主体性水平的提高与发展有助于大学生的个性发展以及全面发展，同时也是践行素质教育的主要内容。在合作教学模式下，大学生变成了学习的主体。并使他们能够在与教师和同学交往中学会对自我的正确认识、对自我的言行负责以及尊重他人、善待他人等，进而不断发展自己的主体性。

（四）合作教学模式能够提高大学生的人际交往能力

在合作教学模式下，大学生之间大多都是互动的关系，相互依赖、共同学习。这种互动的关系不仅能够使大学生学会听取不同的意见，而且能使他们学会相互依靠、相互尊重，共同完成任务的合作意识、合作精神和团队精神；还能使他们提高自身人际交往的能力、处理师生关系的能力、处理同学间关系的能力以及处理个人和集体间关系的能力等。

二、高校健美操教学中运用合作教学模式的实质

在高校健美操教学中，合作教学模式就是在教师的组织和主导下，大学生之间在学习上建立起相互帮助、共同提高的合作学习关系。作为健美操教学活动的主要参与者，大学生不仅要在教学过程中学习到健美操知识，也要将健美操知识在观察、练习和分析等活动中转化成一种技能，进而形成以能力为核心的健美操素质。

在高校体育健美操教学中运用合作学习模式，不仅强调要充分发挥大学生的主体作用，还应充分重视教师的主导作用。作为健美操教学活动的主导者，教师要依据大学生的年龄和心理特点以及他们学习的需要来确定自己的教学方式与教学方法，并积极构建大学生自主学习的教学模式，开展活泼生动的教学模式和综合性的操作活动，以便使大学生能够通过这些活动来学习如何分析和解决问题，进而使大学生的个性以及创造能力得到充分的发挥。唯有这样，才能在教学活动中使大学生的实践性、自主性以及创新性的品质得到全面的培养与发展，这就是在高校体育健美操教学中运用合作教学模式的实质。

三、高校健美操教学中合作教学模式的目标设计

高校健美操教学中合作教学模式的目标应从知识目标、能力目标和德育目标三个方面进行设计：设计合作教学模式的知识目标时，应按照教学的要求、依据大学生的特点和已有的水平、遵循大学生学习的规律来进行拟定，并使大学生能够通过合作学习的方式来达到知识目标；设计合作教学模式的能力目标时，要注重培养大学生的示范讲解能力、组织指挥能力、动作表现能力、编排创新能力以及灵活运用教法的能力等；设计合作教学模式的德育目标时，要注意对大学生进行集体主义方面的教育，并使大学生能够在合作学习中养成合作意识、群体意识，学会互相帮助、互相关心，树立严谨求实、精益求精、勤奋创新的学习态度，进

而逐步养成良好的道德品质。

四、高校体育健美操教学中运用合作教学模式的原则

(一)导练结合原则

大学生的"练"离不开教师的"导"。教师通过"导",大学生可以更快地进入教学环境,并及时在小组学习中发现问题、解决问题,更好地掌握正确的健美操技术技能。

(二)合理分组原则

教师要在对大学生全面了解的基础上,依据本堂课的练习情况,对大学生进行异质分组,即对大学生按照能力的均匀搭配原则进行合理的分组,顺利开展活动。

(三)适时点评原则

在运用合作教学模式进行高校体育健美操教学时,教师要在小组合作学习一段时间后,及时组织各组进行演练,并针对演练中出现的问题提出自己的意见和建议。

第六章　高校体育与健康思想指导

高校体育与健康教育是全面发展教育的有机成分,对促进大学生身心发展、提高综合素质有着重要的作用。在现代高校体育发展过程中,体育教育思想与价值取向问题一直是研究的热点问题,引起了广泛关注和探索。在体育教育实践中,明确体育教育思想的取向是搞好体育工作的前提和先导,对指导体育教育实践具有重要意义。

第一节　高校体育课程的价值取向

进入21世纪,我国高校教育开始了新一轮课程改革,《体育与健康课程标准》就是国家教育部门在总结了改革经验的基础上,制定的高校体育教育新课标,已经在全国高校体育教育中实施几年了。为了总结高校实施新课标经验,探索体育教育发展规律,更好地推进高校体育课程改革与发展,全面实施新课标。我们对新课标下的体育教育价值取向进行了研究,提高了高校体育工作者的认识水平,树立了正确的体育教育观,从而促进了大学生身心素质的不断提高。

一、体育课程目标的发展性取向

人的发展是体育教学追求的终极目标与核心,致力于人的发展的教育才是真正的教育。发展,就要提升人的地位,显示人的价值,开发人的潜能,昭示人的个性。要实现全体大学生在体育课中全面、主动、生动活泼地发展,就要体现主体教学发展观,致力于体育教学目标上的发展性教育。

体育教学的发展性功能是借助于课程内容的学习实现的,我们推崇由课程构成要素决定的融知识、技能、能力和观念态度为一体的完整的发展性教育。这里教材的知识系统不再独尊,而源发于主体本身、更贴近人的本质的、隐蔽在知识背后的能力系统、价值规范备受关注。如在具体教学目标的研制上,既包括经验、事实、原理性的知识点,也包括能力要求、思考方法以及与学习内容相关的道德情感、价值观念、个性品质等教育因素。

未来的社会是学习化的社会,我们必须坚持学会认知、学会做事、学会共处、学会生存的可持续发展能力的教育,积极倡导自主、合作、探究的学习方式,注重培养大学生的创新精神。现实体育教学目标的导向,要体现学科学习能力与驾驭信息能力的整体合一性,注意将方法的收集、处理及方法使用的能力整合到学科能力之中,将思维的活动过程与信息的处理过程有机地统一起来。

成功的体育教学在于成功地寻找并确立大学生心理结构与学科知识结构之间的最佳结合点。要从大学生的心理特点出发，构建适应大学生心理发展的体育教学内容，促使大学生实现"最近发展区"上的最大发展。研究教材，研究大学生，注意从大学生个体的实际情况出发，运用个别指导与合作学习相结合的有效方式，营造宽松和谐、民主平等的有利于个性化学习的体育教学氛围，最大限度地发掘大学生的潜能，发展大学生的爱好禀赋与特长。

以大学生发展为本的教育要求必须将大学生的发展置于社会文化教育的大背景之中，置于新世纪人才标准的需求之中，体育教学目标及为之服务的体育教学内容应体现鲜明的时代感，体现动态的开放性。在体育教学中要尽力选择开放的体育教学内容，提供丰富的与大学生生活背景有关的素材，重视展示利用教材内容与广阔信息资源间的开放性联系，并将之贯穿课程内外。

二、体育课程人文化价值取向

课程文化的建构性教育是针对传统课程观，特别是针对课程实施中的接收式学习、机械训练的问题提出来的。在课程文化观看来，体育课程是大学生自我适应基础上的文化再生产，通过对体育课程的对话、理解及意义建构，变体育课程的工具性存在为文化主体的存在。对体育课程的学习是动态的生成，主动的建构。通过体育课程学习的一系列过程，课程内容被主体持续转化，体育教学意义被主体不断提升。在课程主体化的同时，大学生自身受到的是体育文化的思想浸润与陶冶。服务于这一主题的体育教学策略是变学习的接受式为建构式。

体育课程作为知识的存在形式，从静态上看是认识的结果，是经验系统；从动态上看是认识的过程，求知的方法；从心理上看，又是一种态度，是不断更新、扩展的建构与生成过程。我们的体育教学应从内容的知识性学习转向动态发展的过程性学习，变大学生由"文化传承"的受动者为"文化再生产"的经营者、参与者。也就是说体育教学的着眼点是体育教学主体间的对话，文化内涵的解读，建构意识与能力的培养，促进知识与能力、过程与方法、情感态度与价值观念为自身的心理结构。

从根本上说，大学生个体的在校学习是借助体育课的内容与同伴（包括师与生）互助进行的。这里有效的体育教学策略有两点：一是确保学习主体的参与，使课程变为大学生"自己的课程"，唤起大学生的自我需求，以自己的方式对教材进行诠释、理解、改造和重组；二是发挥同伴的合作交互作用，通过师与生、生与生、师生与教材的沟通、对话与应答，共创共生，批判反思，开拓创新。体育教学特别需要执教者的创造性加工。我们主张将教材内容变成有关于大学生学习的体育教学内容，变成发展大学生文化素养的体育教学内容，赋教材以"生命"的意义。其一是内容结构化，建立要素明确、联结稳固、概括性高、派生性强、亲和力大的知识结构,有利于大学生自主处理信息并形成概念;其二是内容问题化,依据大学生心理发展特点确立学习层次,以有限知识来构建问题序列,采用"问题情境加解决方法"的问题解决模式,培养大学生分析问题、解决问题的能力;三是内容经验化,尽量发掘和利用贴近社会与大学生现实生活的素材,使教材回归生活,注重体验学习。要做到上述几点,教师必须成为研究者,要研究怎样有助于大学生对教材的解读、内化,怎样生成问题解决模式或思维模式,怎样有利于大学生轻轻松松达标,生动活泼发展。

三、体育教学活动的体验性取向

体育活动的体验性是针对亲历性和自主性而言的。强调体验性的理由十分明确,因为体验是知识的转化,经验的升华,是个性化的知识,它是自得自悟的生命活动状态。体育教学中的体验性包括三个方面:一是生存过程的体验。再现体育锻炼的发生过程和思维展开过程,使大学生亲历体育锻炼"生产过程",领悟探索发现与经验积累的乐趣,进行求实态度、探索精神与科学思维方法的教育。二是体育课程文化的体验。通过教材内容与实际生活的对接,大学生情感与外部世界的对接,原有经验与新鲜经验的对接,创情趣共济的体育教学情境,构筑师生交往对话的平台,在小课堂连着大世界的氛围中吸吮人思想的精华,享受表达与聆听的愉悦。三是创新性活动的体验。体验性教育十分强调大学生的亲身参与和实践,这就决定了其体育教学的最佳方式应当采取参与式、探究式和主体活动式,促进大学生自得自悟,在实践中学习,在合作互动中发展。这里的关键问题是以改变体育教学过程结构和组织结构来促进教师行为结构的改变。好的体育教学设计应是对动态的、生成的过程的规划和预测,对现实的、实态的过程的有效对策。实践中,我们感到有利于大学生参与的事件包括宽松和谐的民主氛围,相互理解、尊重、信仰的师生关系,充满情趣、发人深省的体育教学情景,高质量的思维方法与方式,扬长避短、发展个性特长的个别教育,富有教育意义的建构式体育教学内容等。这样以经验为本位、以过程为中心的体验性教育是活动体验与体育教学过程的合二为一,体育教学与训练、达标与发展、活动与体验得到了完美的统一。新课程标准特别强调在实践中学,在探索发现中学,在合作交往中学,即进行研究性的学习。所谓研究性的学习是以小课题(问题)的研究为主,它模拟科学研究的情境和过程,强调学习过程的参与和体验。这种由大学生独立思考、自主学习、自行完成的学习方式对促进大学生健全人格的形成及态度、能力、知识诸方面的发展有着不可替代的作用。当然,在体育教学的情境下,大学生的研究和发现与教师的积极指导是分不开的。其实,教的实质就在于帮助大学生对现实的创造与加工。教师的行为准则有两条:一是调节、监控大学生问题的解决,体育教学过程在相互作用的前提下,按合作共享的原则来组织;二是指导大学生的发现活动,突出价值导向、真理规范和实践创新三个要素。大学生中蕴藏着极大的创造性,当大学生的积极性被充分调动起来之后,教师的教育"机智"就显得非常重要,比如置疑问难的解说,思维闪光点的捕捉,问题解决深广度的调控,大学生应答的评析归因等,成功的做法是导其所思,引其所做,扬其所长,促其所成。

四、体育教学过程的互动性取向

互动,是主体间的相互联系与能动反映,是活动中的师生相互交流、影响,不断作用的状态。体育教学活动中,师与生、教与学是互构互生、良性互动的,是二者间的双向讨论、交流与沟通,这是一个"提问应答"、互为因果的互反馈活动系统。体育教学中师生的互动"交往"当然不是形式上热热闹闹的你来我往,而是人类社会生命本性的存在状态,是主体间相互理解与交往的"主体间性"的打造。这种"状态"与"打造"是在无内外压力与制约情况下的真诚敞开、交互共生,在强调充分发挥"主体性"的同时,这一点显得更为重要。

体育实践的本质是交往活动,是师与生及师生与教材间的双向理解、问题解决以及应答讨论,形成共识的共创共生活动。从这一理念出发,教师应当特别强调课堂体育教学时空共有,内容共创,意义共生,成功共事。对于有效交往的理据,有的学者提出了三个"有效宣称",即尊重客观事实的特性、与社会规范一致的正当性以及"捧得一颗心来"的真诚性。体育教学中的有效交往,当然也必须服从于这一规律,师生间的尊重、理解和关爱比什么都重要。互动的多元性与教育性体育教学中的互动是多元的,是多情境、多内容、多维度、多形式的互动体。例如情境,不只是直观生动的体育教学情景,还有融洽和谐的人文环境,发人深思的问题背景;内容也不只是课本知识的学习,还有生活经验的积淀,生命意义的领悟,道德规范的认同,情感情操的陶冶;互动的角色也不只是师生间,还有大学生间、小组间、个体与群体间,师生与教材间的沟通。特别应当强调的是这种人际关系在体育教学情景中的教育性原则;其一是互动基本因素的把握,即个体明确的自我意识,良好的教育环境与氛围;其二是良好互动方式的运作,即以民主、平等的师生关系为基础,以亲密合作的人际关系为提,师与生的角色是可变的,师与生的作用是互补的。相对于现实的班级集体授课制而言,小组学习、合作学习的方式应是体育教学互动的首选。

第二节 高校体育教育的价值取向

高校体育教育的价值取向是以思想认识为先导的,反映了一定的体育思想。体育教育思想蕴含于教育思想,与社会发展背景密切相关。它是人们在一定社会和时代的体育教育实践活动中直接或间接形成的对体育教育现象、规律、以及问题的总体认识,对体育教育实践有着极其重要的影响和作用。因此,我们采用文献研究方法,沿着我国现代高校体育的发展轨迹,探讨我国现代体育教育思想形成及其价值取向的影响,进一步把握体育教育的发展趋势,这对于树立正确的体育教育观念,明确体育教育的价值取向,理清工作思路,深化高校体育教育改革,适应素质教育发展的需要,有着重要的理论价值和深远的实际意义。

一、自然主义体育教育思想的价值取向

自然主义体育教育思想蕴含于欧洲"文艺复兴"时期的自然主义教育思想。20世纪50年代以后,世界不少教育家逐渐把科学理论引用到教育领域,研究教育培养人的问题,开创了自然主义教育向科学自然主义教育发展的历程。可见,自然主义教育思想的发展,经历了纯自然主义教育、自然实用主义教育、科学自然主义教育的发展阶段,成为世界有影响的主要教育思想之一,至今仍然发挥着重要作用。

自然主义体育教育思想早期强调高校体育教育应围绕大学生的兴趣和本能冲动安排教学内容,因而形成了满足大学生兴趣和启发的教学模式,激发了大学生对体育的广泛热情和活力,促进了高校体育的发展。

后来自然实用主义体育教育思想强调体育教育的主要作用在于强身健体,使大学生身体的解剖结构产生良性变化,机能得到发展。在实用主义体育教育思想的支配下,体育教育中常常表现为以增强体质为主要目标,采取一切措施,加强体育教学组织工作,以增大体育课的练习密度和运动负荷,提高体育教育的效果和健身作用为中心。强调体育教育增强体质的作用,既是大学生生长发育的要求,也是体育教育长期存在于高校教育中的合理体现。因此,我国在20世纪50年代,逐渐形成"体质教育论"的观点,并不断发展;高校体育教育中围绕"锻炼标准"的实施而组织教学活动,一定程度上促进了高校体育教育的发展,此后,又有不少学者提出体育教育科学化发展的主张,得到大学生和体育教育工作者的积极响应。

自20世纪70年代末80年代初,随着改革开放的发展,我国开始了科学自然主义体育教育思想的发展历程,兴起了新的体育教育改革热潮。它强调生命在于科学运动的主张,在高校体育增强体质的过程中要加强科学的指导,并开展了大量的高校体育教学观摩课、示范课、评比课,启动了以体育课密度、练习密度、运动负荷为量化标准的"优质课"教学模式。20世纪80年代中后期以来,有人提倡科学健身运动,兴起了体育健身教育的热潮等;这都是科学自然主义体育教育思想的体现。可见,由于任何事物都必然处于在矛盾运动的发展之中,因此自然主义体育教育思想是我国高校主要的体育教育思想之一,仍将发挥着指导作用。自然主义体育教育思想必然受到人文主义体育教育思想的影响和冲击,推动高校体育教育向更高层次发展。

二、人文主义体育教育思想的价值取向

20世纪50年代,我国高校体育教育中形成的"运动技能"的教学模式,强调向大学生传授体育文化的基本知识、基本技术、基本技能的"三基"教学,就是受人文主义教育思想的影响下形成的。一直到20世纪70年代末80年代初,开始注重大学生体育心理、意识的教育,

提出"心理负荷"的概念。因而,高校体育教学重视以三基教学为主要内容和形式的同时,强调体育课心理负荷的运用。改革开放以后,高校体育的人文主义教育思想有了进一步发展,对高校体育教育的功能认识,由生物性功能向着心理和社会功能衍生和发展,促进了发挥体育教育的多功能作用。因而,在20世纪80年代中期以后,我国高校体育教育中出现了"整体效益观",后又提出了"全面发展的体育教育观""快乐体育"教育观念等,都是人文主义体育教育思想发展的反映。

人文主义体育教育思想对我国体育教育的指导作用是巨大的,推动了我国体育教育的改革和发展,成为指导我国高校体育教育的重要思想之一。

三、科学的可持续发展体育教育思想的展望

可持续发展体育教育思想蕴含于可持续发展教育思想。近一百年来,世界科学技术飞速发展,社会取得巨大进步,以经济建设为中心的社会革命,正走向"全球一体化",极大地改变了人们的生活,也改变了世界的整体面貌。在这种背景下,人们对生态、环境问题的认识不断提高,引起世界的广泛关注。联合国教科文组织多次召开关于人类可持续发展问题的研究会议,得到世界各国的响应。我国在20世纪80年代末90年代初,对人类可持续发展问题高度重视,在教育领域又兴起深化教育改革的热潮,不断反思我们原有的教育思想和模式,中央颁布的《中国教育改革与发展纲要》是形成可持续发展教育思想的标志。这一时期高校体育教育在国内外教育改革思潮的影响下,全方位地探索我国高校体育教育改革与发展问题,开始关注体育教育与人的可持续发展问题。

科学的可持续发展体育教育思想的内涵十分丰富,远不只是身体问题。其基本含义是:高校体育教育要从现在着手,从长远着眼,把影响大学生身心素质和适应社会能力的诸因素有机地统一起来,促进大学生生物性、心理性、社会性的全面发展,以适应未来社会发展的需要。这就把科学自然主义强调的生物功能和人文主义强调的心理和社会功能相统一起来,站在战略的高度,从现在做起,从未来发展着眼,指导高校开展体育教育工作就显得更为科学合理,意义更为广大,体育教育工作方向更为明确,实践更好操作。

科学的可持续发展体育教育思想,使我国现代体育教育思想经过长期多轮的自然主义和人文主义之争,终于可以融合,克服极端倾向,走向完整的可持续发展体育教育思想。这与我国倡导的"素质教育"改革相适应;与世界可持续发展战略也相一致。因此,可持续发展体育教育思想必将成为世界体育教育改革与发展的主导思想,推动着高校体育教育的改革和进步。

第三节 高校体育主导思想的价值

高校体育教学的价值取向是对体育教学现象、本质、问题等总体认识基础上的选择,与

体育教学思想有着密切联系,反映着体育教学思想对体育教学实践的影响。体育教学思想来源于实践认识,又高于体育教学实践,对指导体育教学工作具有重要的方向性、思路性、规范性、实践性意义。我国高校体育发展经过百年的历史,但发展较快的阶段是改革开放以后,这时期出现了很多新的体育教育思想、教学模式,推动着高校体育教育的改革和发展。因此,分析我国现代高校体育教学主导思想的价值取向,对于提高教学认识水平,促进体育教学健康发展,提高效益,具有重要的理论价值和实际意义。

一、全面发展教学思想的价值取向

全面发展教育思想落实到高校体育中就自然形成全面发展的体育教学思想。这种思想,从我国教育方针确立后开始,就在高校体育教学中萌发了,经过多年的发展,到20世纪80年代中后期形成了较为成熟的理论体系,一直主导着高校体育教学工作。全面发展体育教学思想的含义是指在体育教学中,以促进大学生德、智、体、美、劳全面和谐发展为方针,以完成体育教学各项目标为主导的教学思想。该思想旨在从增强大学生体质出发,把运动技术、技能教学与身体发展结合起来,思想教育、知识教育、社会教育贯穿始终,全面完成体育教学的教养、教育、和发展的目标。它主张用系统论的观点来看待体育教学过程,用三维体育观来理解高校体育的功能系统,认为只有从多方面挖掘体育的功能,不断拓展高校体育的任务,才能真正发挥体育教学在整个教育中的作用,才能突出体育教学的地位。因此,全面发展体育教学思想有积极的意义,是理想的教学状态,仍要发挥指导体育教学的作用,但也要不断完善,使之更好地指导体育教学工作。

二、体质教学体育思想的价值取向

体质教育思想是指在高校体育教学中,应从发展大学生身体,增强大学生体质着眼,以提高大学生体质健康水平作为体育教学的首要任务,一切高校体育教育工作都要为增强大学生体质来开展。体质教育思想注重大学生身体锻炼的直接效果,以运动负荷的合理安排为主要特征,以运动处方为主要形式的锻炼过程。显然,体质教育思想扩展了自然主义体育的认识,开始了发展人体、完善人体的科学化锻炼历程,具有重要指导价值,标志着我国高校体育教育思想建设进入一个相对成熟的自主发展时期。这种体育教育思想反映了体育运动的本质特征,也容易被人理解接受,具有较好的理论基础和实践意义,广泛被高校体育教育运用。

三、技能教学体育思想的价值取向

体育教学工作与其他学科教学工作具有共同点,也将向大学生传授系统的体育知识和技能作为首要任务;而体育教学不同于理论学科教学之处主要是运动技术教学。因而,技能教学思想(也有的称技术教学思想)在20世纪50年代就得以萌发,经过20世纪80年代的发展,成为我国高校体育教学中相对成熟的主导思想之一。技能教学思想是指体育教学中以掌握运动技术、技能为主导的高校体育教学思想。该思想理论是以大学生身心发展特点为基础,以神经反射学说为学习理论依据,以体育课内外结合为教育实践条件,强调体育教学中以大学生身心特点来安排运动技术知识、技能的学习;以运动技能形成规律来安排动作技术教学过程;以课内教学,课外锻炼互为补充来完成高校体育教育目标。显然,技能教学思想具有较好的理论依据,也符合教学工作要求,容易理解并为人所接受,教学实践中较为形象具体,便于教学操作,因而,在我国高校体育教学中占有重要地位。

四、终身体育教学思想的价值取向

终身体育思想是指以培养大学生终身参与体育活动能力和习惯为主导的思想;高校体育要为大学生终身从事体育运动锻炼奠定基础。这种思想认为,高校体育是终身体育的最重要的、具有决定意义的中间环节,主张在高校阶段培养大学生终身参与体育锻炼的观念和习惯,并使大学生掌握终身体育的基本理论和方法。显然,终身体育思想具有长远观念并与现实结合,对高校体育教育的目标、内容、方法、评价、组织等都产生了很大影响,成为我国高校体育课程标准的重要依据。

五、快乐体育教学思想的价值取向

快乐体育思想是指在体育教学中要从大学生的兴趣和需要出发,从大学生体育情感入手,把运动知识、技术作为教育目标,通过大学生生活的内容教给他们,让大学生理解、享受、掌握并创造运动,促进大学生身心发展,养成长久参与体育活动的习惯。快乐体育思想强调:体育教学要根据大学生的水平和需要,自主地选择学习体育知识、技术,充分理解体育运动的本质,体验体育运动的乐趣,体验成功的感觉(后来发展为"成功体育思想"),从而热爱体育,养成习惯。它不仅把运动和感情作为实现教学目标的手段,而且把运动中的内在乐趣和丰富情感作为目的。显然,快乐体育思想对传统体育教学改革有着重要的推动作用,对原来的体育教学目标、内容、方法、组织形式等都有较大的影响,也受大学生们的喜欢。这说明快乐体育思想还要不断完善理论体系,提升实践水平。

六、健康体育教学思想的价值取向

健康体育思想来源于我国"健康第一"教育思想。高校体育为了落实这一思想,许多学者和体育教育部门大力推出健康体育思想,并以高校《体育课程标准》的文件形式强化落实。这一思想的提出具有较好的健康理论基础,也借鉴了国外的体育认识,反映了世界都关注人健康问题的大背景。由于人们对健康的认识已经突破了原有的生物观念,已经从生物、心理、社会等多角度来认识健康,大大提高了健康理论水平,形成了多维的健康观念,再加上在高校体育教学中出现了指导理论的多元化、模式的多样化、新问题的复杂化,在一定程度上导致实践混乱现象的出现,急需新的理论思想来指导体育教学工作。因此,健康体育思想就逐渐在高校体育教学中得以接受和传播,成为高校体育教育的主流思想。健康体育思想是指在体育教学中要以提高大学生的身心健康水平为目标,根据大学生的健康特点来选择教学内容、方法、手段,促进大学生身体、心理、社会适应等多方面发展。它强调体育教学的三维观,大学生的可持续发展,教学内容的多样化,竞技项目软化,教学方法的娱乐化,教学形式的自主化,教学效果的健康化。显然,健康体育思想符合时代的发展要求,具有观念的多维性,对指导体育教学改革与发展具有重要指导意义。以上几种体育教学思想,是我国高校体育教学的主流思想,对指导高校体育教育改革与发展具有重要的理论意义和实践价值。不过,它们也需要加强研究和实践,总结经验,完善其理论体系,使之发挥更好的指导作用,推进我国高校体育教育的新发展。

第四节 高校体育与终身体育价值

终身体育是指个体在人生各个时期都要接受体育教育,坚持从事体育锻炼,维护身心健康发展。这要求人们在人生的各个时期都能够将体育锻炼作为日常生活的组成部分,充分享受体育的乐趣,为终身健康打好基础。以终身体育为指导思想,要以增进大学生身心健康为出发点和归宿,在体育教学中要重视培养大学生的体育能力。大学生接受体育教育是他们人生接受高校教育的重要方面。在这一阶段,强化终身体育意识,树立终身体育观点,掌握终身体育锻炼的技能,为适应社会化过程就显得尤为迫切和重要。这不仅是培养和塑造未来建设人才的需要,更是新世纪社会生活高度文明和公民身体健康的需要。

一、高校体育与终身体育

如果我们把人生中的身体锻炼活动分成若干个环节的话,那么高校体育在终身体育整体中,刚好处在中间环节,因此高校体育对大学生实施终身体育起着很重要的作用。而大学时代是人生的重要阶段,大学生的智力、身体、思想发育都很关键,在大学时期灌输终身体育的思想对大学生今后形成终身体育的生活方式具有很大的影响。在这个关键阶段,如果施以科学的高校体育教学方法,就能促进他们的身体朝着良好的方向发展,为他们今后的健康生活和工作打下良好的体质基础。

此外,高校体育还为培养大学生终身体育锻炼的能力提供了实践环境与条件,并让他们认识到高校体育不仅是人学习体育知识技能与实践体验的过程,而且是对人的终身体育锻炼兴趣和习惯的培养阶段,使大学生对体育的认识层次不断提高,最终形成终身体育的观念和习惯,这样大学生才能适应社会工作变化的需要,才会维护好自身的健康水平。

现代高校体育的观念十分注重把增强大学生体质、增进大学生身心健康的阶段效益与培养终身体育兴趣、习惯和能力的长远效益结合起来,以便更好地发挥高校体育对提高大学生身体健康水平、心理健康水平、社会适应能力的作用,促进大学生的个性发展;大学生一旦养成坚持体育学习和锻炼的意识、习惯和能力,走出校门后会自觉地参与到全民健身的队伍中去,会成为全民健身的生力军,有效地促进国民健身朝全民化、终身化方向发展。也只有这样,全民健身才能更有生命力,真正成为改善人们生活方式、提高人们健康水平和生活质量的重要途径和手段。

高校体育为了适应现代社会发展对人才培养的需求,必须以终身体育思想为主导思想,立足于将高校体育的近期效应和长远效应相结合,注重培养大学生的体育兴趣、意识、习惯和能力。这是推动高校体育与终身体育接轨,培养身心健康、有良好体育习惯和能力的高素质人才的发展方向,对高校体育改革、发展以及推进全民健身具有十分积极深远意义。

二、终身体育与其他体育思想的统一性

当前我国高校体育指导思想出现了多样化发展趋势,如"健康第一""素质教育""体质教育""技能教育""快乐体育""终身体育""成功体育""主动体育"等提法。其实它们是辩证统一的。我们将终身体育思想是作为高校体育的指导思想,就是基于各种指导思想的统一性认识。

第一,健康第一与终身体育的关系。终身体育必须把大学生身心健康作为根本目的。这是因为体育将成为提高生活质量的要素,走进人们的生活,高校体育要把握好健康与体育的本质联系,通过高校体育培养大学生终身健康与终身体育的意识、习惯和能力。所以,终身体育与健康第一是相通的。同时,健康第一与终身体育也有不同之处,高校教育首先应强调大学生的健康,而不是分数,要求大学生身心健康比考试、升学或就业更重要。而终身体育则更多地关注人一生的健康,注重提高人们的生活质量,提倡科学文明的生活方式,进而提升人们的生命质量。它着眼长远效应,强调为大学生终身体育打基础。所以,健康第一与终身体育的指导意义的辩证统一的。

第二,素质教育与终身体育的关系。素质教育体现的是终身教育的思想,其着眼点是重视培养大学生的创新精神和实践能力,为大学生全面发展和终身发展奠定基础。为适应终身教育思想的要求,素质教育应尽可能好地在高校教育阶段完成人们可持续学习与发展的基础和能力培养。只有这样,终身教育的全过程才能顺利实现。终身体育思想是把人一生的身心健康问题看成一个系统,把高校体育看成人一生身心发展的子系统。终身体育把高校体育的视角从关注大学生的当前扩展到关注大学生的未来,甚至终生。这种思想对高校体育的整体改革有重大的推动作用。素质教育的基本特点就是强调教育的基础性、全体性、

全面性,要求传授知识与大学生能力培养、个性发展紧密结合起来。这与终身体育所重视的培养大学生体育兴趣、意识、习惯和能力同出一辙。从体育的本质特点看,素质教育也要求终身体育,所以素质教育与终身体育是辩证统一的。

第三,体质教育与终身体育的关系。体质教育是中华人民共和国成立后相当长一段时间高校体育领域遵循的指导思想。体质教育以增强大学生体质为高校体育的主要任务,它反映了高校体育的本质特点,也符合我国高校体育的实际情况。普遍增强大学生体质,对我国高校体育理论与实践发展起过重要的历史作用。随着现代健康观、素质教育观、全面人才观的提出和发展,体质教育观仍然具有重要价值,符合健身运动发展需要。从终身体育的角度出发,即便体质与健康不同,单从身体健康的角度看,体质教育仍然是体育重要的功能,是终身体育所需要的。

第四,技能教育与终身体育的关系。技能教育的指导思想,是指以掌握运动项目的技术、技能为指导的思想。目前,技能教育仍然是高校体育教学的重要方面,从终身体育的形成和发展来看,在一定程度上体现了人们关注健康和提高生活质量的需要,要进行终身的体育锻炼,就离不开对体育基础知识、基本技术和技能的学习、掌握和应用。因此,在提倡以终身体育为指导思想时,也应该将技能教育有机地结合起来。

第五,快乐体育与终身体育的关系。快乐体育的指导思想,是指在体育运动中使大学生获得内在乐趣,从而促使大学生自觉地、主动地参与体育的一种思想。快乐体育侧重从体育过程、体育方法上让大学生体验体育的乐趣,强调一种情感体验,突出运动项目的魅力,教大学生爱学体育。大学生体验成功的乐趣,既是高校体育的目标,又是激励大学生的手段。快乐体育与终身体育密切联系,快乐体育强调要使大学生理解运动的意义和价值,培养大学生运动实践的兴趣、爱好和能力,强调把保持健康贯穿于终身的实践。从快乐体育的本质特点看,快乐体育是以终身体育思想为依据的,特别重视大学生体育兴趣、习惯和能力的培养。所以快乐体育与终身体育是统一的。

总之,我国高校体育的指导思想是多元化的。相互之间主要还是兼容、并存关系。在众多的指导思想中,我们应该从系统的、科学的认识出发,树立一种指导思想,使高校体育的发展既有"主线",又使高校体育各个方面都有指导思想的指引,优势互补,形成科学效应。通过对以上关系的分析表明,将终身体育思想确定为高校体育的指导思想,是高校体育领域具有深远意义的改革与发展取向。

三、高校实施终身体育的基本要求

体育教学是高校体育的基本组织形式,也是实现高校体育目的任务的主要途径。高校体育教学要以终身体育作为指导思想,应当注意以下几个方面的要求:其一,通过体育教学要使大学生对体育有比较正确的认识和积极的态度,懂得锻炼身体的目的和意义,树立终身体育锻炼的习惯和观念。其二,要使大学生对自己身体情况和体育能力做出符合实际的了解与评价。其三,具有健身方法的知识,能够运用多种基本运动技能和健身方法进行经常性的健身锻炼。其四,要具有独立进行健身锻炼的能力。

高校体育教学要以终身体育为指导思想,要求高校体育应当努力培养大学生身心自我完善的能力,提高大学生对自我身体锻炼重要性的认识,使他们具有终身锻炼身体的欲望,不仅在高校学习时期,而且进入社会以后,在任何时候和任何情况下,都能自觉地独立地进行身体锻炼,以保持体育教学效益的连续性。为此,高校体育教学要以增强大学生体质,提高身心健康水平为出发点和归宿,将传授体育知识、技术和技能与科学锻炼身体的原则、方法有机地结合起来,培养大学生终身体育的观念、兴趣、爱好和能力,养成经常从事体育锻炼的习惯,从而培养大学生德、智、体、美、劳协调发展,身心和谐统一,以适应现代社会和未来发展需要。

第七章　高校体育与健康主体教育

体育与健康教育的主体是大学生。大学生既是体育教育的对象，又是体育学习的主体，是体育教育过程的主要参与者，体育教育效果的体现者。因此，如何树立正确的大学生观，激发大学生体育学习动机，培养大学生的体育兴趣和习惯，提高大学生身心素质和体育能力等，一直是体育教育教学改革研究的重点问题之一。我们对高校体育与健康教育主体培养问题进行研究，旨在探索高校体育教育培养大学生身心素质的新路子，促进高校体育与健康教育的改革发展。

第一节　高校体育培养大学生主体性

高校体育的目标就是要增强大学生体质，提高大学生健康水平，促进大学生身心的全面发展。这说明大学生是高校体育教育的客体和主体，一方面大学生是教育的客体、教育对象，就要认真学习，接受高校体育教育指导，完成体育学习任务；另一方面大学生又是高校体育教育的主体，具有较强的学习能动性，是体育教育的动力系统。因此，高校体育要重视大学生主体意识的培养，树立正确的大学生观，对实现高校体育教育目标，提高体育教育效果，促进素质教育改革发展等都具有重要的实际意义。

一、要树立正确的高校体育教育观、大学生观

教育观是对教育现象、教育问题、教育规律的总体认识或看法。它影响着体育教育发展方向、过程和效果。长期以来，受传统教育思想的影响，体育教育以教师、课堂、教材为中心，大学生被动学习，影响着体育教育效果。随着教育改革的深入发展，体育教育观念不断更新，树立正确的高校体育思想就显得非常重要。高校教育要树立"健康第一"指导思想，切实加强高校体育卫生工作，增强大学生体质，提高大学生健康水平。这给高校体育指明了发展方向，树立了正确的体育教育观念。坚持"健康第一"指导思想，提高大学生体质健康水平，就要重视大学生的主体性培养。

促进大学生健康成长是体育与健康教育的性质决定的，体育教育是在高校教育中落实健康第一指导思想的主要途径之一。体育与健康教育要落实"健康第一"的指导思想，必须在教育目标的确定、课程的设计、教学内容的选择和体育课程的组织实施、课程评价等各个方面，都真正体现"健康第一"的要求，以促进大学生身体健康水平、心理健康水平和社会适

应能力的提高。按照这样的理念,在体育课程的内容和结构方面,体育与健康课程标准以技能、认知、情感、行为等作为划分学习领域的主要依据,并按照健康的要求,选取了与体育有密切关系的生理、心理、卫生保健、环境、社会、安全、营养等诸多学科领域的有关知识和技能,构建了新的体育课程体系,力求把健康的要求落到实处。在体育课程教学的方方面面都要体现"健康第一"教育思想,树立正确的大学生观,重视培养大学生参与体育的主动性、主体性、积极性。

二、要激发运动兴趣,培养大学生终身体育的主体意识

兴趣是最好的老师,大学生的学习兴趣直接影响着大学生的学习行为和效果。大学生能否通过体育与健康课程的学习形成体育爱好和锻炼习惯,兴趣发挥着非常重要的作用。

高校体育是终身体育的基础,运动兴趣和习惯是促进大学生自主学习和终身坚持锻炼的前提。兴趣是学习的初始动机,也是有效学习的保证。只有激发和保持大学生的运动兴趣,才能使大学生自觉、主动、积极地进行体育课程的学习和锻炼。因此,在体育与健康课程标准中,从教学内容的选择和教学方法的安排,都十分关注大学生的运动兴趣,十分关注大学生健康的主体意识、锻炼习惯和卫生习惯的养成,这是实现体育课程目标和价值的有效保证。因此,体育教育中要培养大学生终身体育的主体意识。

三、要以大学生发展为中心,重视大学生的主体地位

传统学术模式培养的是专才,而在知识经济社会中,具有广泛适应能力的、同时具备动手和动脑能力的复合型人才更容易找到自己的用武之地。因此,必须给教育确定新的目标,必须改变人们对教育作用的看法。扩大教育新概念应该使每一个人都能发挥和加强自己的创造潜力,也应有助于挖掘出隐藏在我们每个人身上的财富。

20世纪80年代后期以来,一些高校和教师开始对体育教学的方式进行改革,以提高大学生的学习兴趣。鉴于体育课程的特殊性质,充分体现大学生在体育学习中的主体地位至为重要。因此,体育与健康课程标准在构建课程体系的时候,十分关注满足大学生全面发展的需要和大学生的情意体验,从课程设计到评价的各个环节,始终从有利于大学生主动、全面的发展出发,要求教师在教学活动中要特别注意体现大学生在学习活动中的主体地位,以充分发挥大学生的学习积极性和学习潜能,提高大学生的体育学习能力。

四、要关注大学生个体差异与不同需求,确保每一个大学生受益

全面推进素质教育,要坚持面向全体大学生,为大学生的全面发展创造相应的条件,依法保障适龄儿童和大学生学习的基本权利,尊重大学生身心发展特点和教育规律,使大学生生动活泼、积极主动地得以发展。让每一个大学生都能从学习中受益,这不但是基础教育的

根本任务,也是大学生的权利,是贯穿体育与健康课程的一个基本理念。

体育教育是一种以技能学习为主的课程,大学生学习的结果主要体现在大学生体能、技能和运动行为的改变方面。只要大学生认真、主动地完成学习要求,大学生在上述诸方面的状况就一定会发生积极的、有利于全面发展的变化。人的体能和运动技能状况并不仅仅与其后天练习和发展有关,而且与其先天遗传有极大的关系。从健康的角度看,每个人的运动需求和运动表现都不尽相同。因此,体育与健康课程根据大学生身心发展的客观规律,从保证每个大学生受益的前提出发,充分注意到大学生在身体条件、兴趣爱好和运动技能等方面的个体差异,根据这种差异性确定了学习目标和有弹性的学习内容,提出了有益于大学生发展的评价原则;在教学组织和教学方法等方面,也提出了相应的建议,以期保证绝大多数大学生能完成课程学习目标,使每个大学生都能体验到学习和成功的乐趣,以满足身心发展的需要。因此,在高校体育教育中要充分发挥大学生的主体作用,使每个大学生得到全面发展,成为社会所需要的人。

第二节 体育教育与大学生心理健康

随着现代社会的发展,心理健康问题逐渐引起人们的关注。心理健康是一个十分复杂的综合概念,它涉及医学现象、心理现象、社会现象。心理健康概念有广义和狭义之分,广义的心理健康是指一种完善而满意的、持续的心理状态;狭义的心理健康是指人的基本心理活动过程的内容完整、协调一致,即认知、情感、意志、行为、人格完整和协调。这是我们对体育教育的心理效应有更好理解的基本点。大学生的心理健康问题一直是高校素质教育改革的重点研究课题,至今,关于大学生心理健康的研究仍处在经验的表面认识上,教育实践中仍缺乏科学理论的指导。因此,我们对体育教育的心理健康培养问题进行理论研究,进一步探讨体育教育对大学生心理疾病的影响和心理品质的培养。为深化高校素质教育改革,构建校园体育健身体系,指导大学生体育锻炼实践,培养良好的心理健康素质,具有重要理论价值和实际意义。

一、体育教育对大学生心理应激的影响

大学生在适应现代社会发展中,面临竞争的不断加剧,生活节奏的加快,使大学生产生了时间的紧迫感和巨大的压力感,常常处于应激状态中。应激是机体对作用于自身要求的一种非特异性应答,是机体保证生存最重要、最复杂的反应,涉及神经系统内分泌系统和许多其他器官,还影响着人的免疫功能。可见,应激状态对大学生心理健康的影响是很大的。若保持良好的情绪状态和保持中等强度的活动量,就能减少疲劳;通过体育活动能提高最大摄氧量和最大肌肉力量等生理功能,减少疲劳的出现。通过体育教育的有意识运动还可以

调节应激的水平,使大学生的应激水平提高或降低,以适应社会应激的要求。这说明体育教育活动对大学生心理应激有良好影响。

二、体育教育过程对大学生情感体验的培养

体育教育的心理效应不仅只局限于对现代人们心理疾病的预防和治疗,而且在很大程度上它所具有的积极的情感体验也是其心理效应的重要内容。流畅感是人类一种理想的内部体验状态。在这种状态中。人忘却自我全身心投入到活动当中,对过程的体验本身就是乐趣和享受,并产生对运动过程的控制感。因此,可以认为流畅感本身是一种积极的情绪状态。它来源于人们的生理需要或心理需要的满足。大学生通过体育教育实践活动,实现了预期的目标,显示出自己的主体性力量的时候,就会产生一种精神上的情感体验,即达到了主(人)、客体(运动)关系的协调一致。大学生的体育教育是一个动态的过程,体育活动过程中的人和运动之间的实践、认识、价值、审美关系相互制约、相互交织在一起,共同推动着大学生自身生理和心理的完善。体育活动的愉快感、流畅感,将使身体锻炼产生更显著的积极效应,首先可能使体育参加者更容易坚持锻炼,从而使更多的运动参加者得到健康;其次,流畅感本身具有直接的健康效应,使体育参加者获得积极的心理健康状态和建立良好的体育运动美感。可见,流畅感是大学生在体育教育活动过程中获得的良好情感体验。

三、体育教育对大学生认知能力的培养

智力是指认识方面的各种能力,即观察力、记忆力、思维能力、想象能力的综合,其核心是抽象思维能力。有研究发现,体育教育对人的感知能力、记忆能力、想象能力、思维能力等方面的发展都具有重要的作用。经常进行体育锻炼对大学生的认知能力有较好培养,在体育活动中大学生的观察力、记忆力、思维能力等获得锻炼,从而发展其智力,提高素质。这就是体育教育对大学生认知能力的良好培养,反映体育与智育的密切关系。

四、体育教育对大学生意志品质的培养

体育教育有助于培养大学生顽强的意志品质。在从事体育活动中,既要克服客观困难,又要战胜主观困难,良好的意志品质是在克服困难中形成和表现出来的。坚持不懈的体育锻炼本身就是一种意志行为。在体育教育过程中,不断挖掘自己的潜能,在提高自己运动能力的同时,也不断发展自己的意志能力。如:大学生一定要达到体育标准或某项技术标准时,就必须意志坚强、刻苦运动。在通过努力达到标准的时候,就会为自己的成功而高兴。同时也会感到自己战胜困难的能力,产生自我成就的认识和情感体验,产生愉快、振奋和幸福感。适宜的体育活动能使大学生获得心理满足,产生积极情绪体验,以增强自信心,消除心理障碍。体育活动是培养人的意志品质的有效手段。体育运动对人的意志品质的磨炼在

于它总是与克服困难联系在一起的,总是与负荷的身体和心理疲劳联系在一起的。体育活动中的高速度、长距离、多障碍、激烈的对抗等不同负荷,都需要大学生参与者去克服,在克服中以磨炼人的意志。体育活动不仅需要克服肌肉酸痛、培养坚持到底的顽强毅力,而且在激烈的对抗性活动中还需要能理智地分析客观情况,辨明方向,当机立断。始终把握既定的目标方向是体育教育对大学生意志品质的要求。从某种意义上讲,体育活动尤其是体育比赛既是斗技战术也是斗智斗勇。因此,体育教育活动有助于培养大学生不畏艰苦、不怕困难、果断机智、勇敢顽强的意志品质,促进良好个性的形成。

五、体育教育对大学生健全人格的影响

人格是指一个人的整个精神面貌,即具有一定倾向性的心理特征的总和。心理学的研究表明,人格的形成及其发展与人的活动密不可分。在体育教育过程中,大学生是参与运动者,自己是活动的主体,这样有利于思维活动和机体活动的紧密结合,从而促进人格的展示和发展。大学生参加体育锻炼,既可以施展自己的才能,又能达到实现自我的心理满足,这种心态可以增强大学生们的自尊心、自信心和自豪感,提升自我概念。

第三节 体育运动与大学生审美能力

高校体育活动的美学价值十分丰富,需要广大教师和大学生积极参与体验审美教育,提高大学生的审美能力。体育运动与美学是通过揭示体育运动中美的本质特征和美的表现形态,通过对体育运动与美学的研究,不仅能在体育运动中更好地对人体进行审美教育,使人的身心日臻优美完善,造就全面发展的一代新人,而且还能促进运动技术趋于美化和规范化,提高体育运动的艺术动作质量,有助于提高运动技术和赶超世界水平。体育运动的目的在于:强身健体,以运动美的形式向人们展示绚丽多姿的艺术世界,给人以美的陶醉和享受。几乎任何一项体育项目都能展现人体的力量、速度、灵巧、耐力和青春活力,展现人类的形态美与心灵美。因此,体育运动与美是水乳交融、不可分离的。体育运动的美感建立在一种双重的基础上,首先与运动者运动时的积极性和创造性有关,其次是产生于经历情感体验与竞赛过程中非常实际的感受。研究体育运动的美学价值,对于推动现代体育发展,提高体育运动的审美水平,有着十分重要的意义。体育运动满足了人们的审美需要,体育审美水平的提高又进一步促进了体育运动的发展。因此,我们针对高校体育活动中的人体美和运动美进行一些研究,旨在促进高校体育审美教育的发展,培养大学生的审美能力。

一、体育活动的审美特征分析

体育运动除了具有锻炼身体、增进健康、增强体质的作用外,对大学生减肥和改善体态,

提高韵律及身体协调等有着极其特殊的作用。它不仅有"健",而且有"美",把体育与美融为一体,可陶冶美好的情操。体育活动的审美特征有:一是形体美。塑造形体美是以形态、姿态、气质练习为主要内容和手段,对运动练习者进行美育与体育并举的教育,完善其身心的过程。体育活动可有效消耗体内多余脂肪,维持人体能量的收支平衡,降低体重,保持健美的体形。在减少多余脂肪的同时发展某些部位的肌肉,使人体的体形按健美的标准得以塑造。在进行体育锻炼中,对身体姿态和活动技巧有一定的美学要求。如做动作时要求舒展放松,一方面增加肢体的曲线,使肢体的线条富有美感。另一方面在某种程度上延长了肢体的长度,使腿部与身体整体的比例更趋于接近美学比例。二是动作力度美。力度是指肌肉的用力程度,也是力量与速度的综合表现。体育活动中的健美操通过动作的力度来表现健美操的风格和练习者的精神风貌与美感。力度的大小则依据其动作的性质、结构、幅度的变化及预期的效果而定。在完成每套动作中采用对抗肌群相对紧张、相对平衡的基本原则,掌握好做不同类型动作时肌肉紧张与松弛的对比感,把握好同类动作在不同状态下肌肉用力强弱大小的处理,才能使动作完成的优美稳健、刚健挺拔,达到力与美的和谐统一。三是韵律美。音乐是体育活动中健美操的灵魂,其音乐节奏清新明快,旋律优美,体现出一种鲜明的韵律感。特殊处理过的音乐,其独特的旋律魅力,使健美操运动更具有生命力,有特殊的感染力,表达着运动员的情感,并唤起观赏者的情感愉悦,让人体验到健美操的艺术魅力,进而产生愉悦的体验,音乐是声音的艺术,是健美操的灵魂。体育活动中健美操在特定的音乐基础上才能得以完成,在适宜的音乐的伴奏下才能得到充分的展示。音乐与体育活动可以说是密不可分的,在健美操运动中,旋律优美、节奏感强的音乐,有助于练习者牢记动作顺序和掌握动作;而欢快、热烈、富有节奏的音乐,能有效地激发练习者的积极性和热情,使练习者闻声而娱,渐而入境。四是健康美。"健康"原指生理功能正常、无病理性改变和病态出现。但随着经济的发展,社会的进步和现代物质文明的不断提高,现代健康已不仅仅是生理意义上的"健康",而兼备健康的心理和行为。"健康美"是一种积极的健康观念和现代意识,是机体最有效发挥其机能的状态。通过体育运动,练习者不仅锻炼了身体、增强了体质、有了健美的体魄,而且从中得到了"美"的享受,提高了审美意识和审美修养,在轻松应付日常工作与生活之余,还有充沛的精力参加各种社交、娱乐及闲暇活动。

二、体育活动的审美价值分析

体育活动的身体美是指人体健康所呈现出来的美。它是由人体良好的生理、心理状态综合显示出来的健康之美。这种美主要是在运动的过程中表现出来,只有通过锻炼才能得到。体育运动对肌肉、骨骼系统的塑美价值表现在,肌肉由肌纤维组成,具有收缩功能,经常进行体育锻炼,可使肌纤维变粗而且坚韧有力,使其中所含蛋白质及糖原等的储蓄量增加,血管变丰富,血液循环及新陈代谢改善,动作的耐力、速度、灵活性、准确性都增强。肌肉附着于骨骼,经常进行体育锻炼,改善骨骼的血液循环及代谢,使骨外层的密质增厚,骨质更加坚固从而提高骨骼系统抗折断、弯曲、压拉、扭转的能力。骨于骨相连形成关节,其周围由韧带和肌肉包围,经常进行体育锻炼,可加强关节的韧带,提高关节的弹性和灵活性。经常进行体育锻炼,有益于肌肉、骨骼、关节的匀称与和谐发展,有利于形成正确的体态和健美的形体。

体育活动增进健康美。体育运动对人体的生理系统和身体素质起到了促进和发展的作用。从美学角度来讲,健康本身就是美的,也是外界审视美与不美的前提。当一个人身体显示出一种生气蓬勃的活力,且被人们感性地直观地审视和欣赏时,它就使人产生了美感。而这种活动力的产生,经常有赖于健美运动给人带来的身体的某些机能的改变。目前,健康美已经成为一种具有积极追求的健康观念与现代意识,也是一种新时尚。一个具有健康美的人除了自我感觉良好、可轻松应付日常工作与生活外,还有充沛的精力参与社交、娱乐和其他活动。

体育活动塑造形态美。人的形体是世界上一种永远新鲜、永远充满生命力的最动人的美。人的美丽直观的表现,首先在于形体美。人是社会的人,形体美是一种蕴含着深刻社会性的自然美。只有健康,人的形体各部位才能匀称、协调、和谐,才能拥有饱满而富有弹性的肌肉、红润而有光泽的皮肤,才能精神焕发、精力充沛、动作敏捷,给人以健与美的感受。"形体"分为姿态和体形。姿态是从我们平时的一举一动表现出来的行为习惯。而体形则是我们身体的外形,其遗传因素起着决定性作用。但通过长期的体育运动,会有益于肌肉、骨骼、关节的匀称与和谐发展,会有利于改善不良的身体姿态,形成优美的体姿,使人表现出一种良好的气质与修养,给人以朝气蓬勃、健康向上的感觉。特别是通过健美操的力量练习,可使骨骼粗壮、肌肉围度增大,从而弥补先天的体型缺陷,使人变得匀称健美,同时还可消除体内和体表多余脂肪,保持健美的体型。

体育活动强化身心美。随着时代的发展和社会的进步,人们在享受科学技术所带来的舒适生活和各种便利的同时,伴随来自各方面的精神压力增多。从而引起各种心理疾患,造成身体疾病。通过体育活动的锻炼可以找寻愉悦和宣泄情感的机会与途径,使人们的情感得以淋漓尽致地宣泄,使工作、生活中的疲惫得以舒缓。

三、体育活动的审美能力培养

体育活动的审美能力培养表现在精神上陶冶情操发展心灵美。体育运动除了能塑造人的外表美,还能锻炼人坚强的意志、陶冶美的情操、增强人的自信心和奋发向上的精神。心灵美是指一个人对人体美的认识理解、动机目的、鉴赏标准及锻炼方法的选择等。体育活动有助于人们实现心灵美的追求,体育舞蹈锻炼在音乐的伴奏下进行,使人们在欢乐的乐曲声中忘掉苦闷和忧伤,恢复心理的平衡,调剂人们的思想情感。由于体育运动是在体育美学、人体生物学等科学理论指导下进行的锻炼,它的单个动作或成套动作在创编时都有明确的目的性、针对性和科学性,对造就动作美、姿态美、形体美和培养正确的审美观念,提高对美的鉴赏能力和陶冶美的情操都有重要的拓展作用。

体育运动给人与美的享受。体育活动内容丰富多彩,像是一个绚丽多姿美的艺术世界,它不仅使观众欣赏到美,也使运动者享受到美。力与美结合的这种状态不是简单的满足;这也不是一般的快乐,而是一种超越个体的极致、稀有的幸福感。可以说,自我审美与他人的审美在运动中同时得到了实现,在这个运动过程,不仅美化了人的活动,也美化了人本身。

体育运动不同于其他社会活动的一个显著特点是以自然人体为对象,运用自己的力量实现自我塑造,追求人体美以及精神享受。通过身体的健康、肌肉的匀称、体态的高雅、动作的优美,达到对体育练习的形体美、动作美、姿态美、音乐美、精神美的体验,从而进一步培养良好的体育审美爱好与情趣,树立正确的审美意识,提高对美的感受能力、鉴赏能力与创造能力,获得体育活动的审美教育。

第四节 大学生体育学习的能力培养

体育学习是大学生学习内容的重要方面。我们对大学生体育学习能力的培养问题进行研究,对强化大学生体育意识,提高高校大学生对体育的认识,促进高校体育教育改革,培养全面发展的各类高素质建设人才,具有重要理论价值和实际意义。

一、影响大学生体育学习的因素分析

第一,学习心理。学习心理是指学习者因经验而引起的行为能力和心理倾向的比较持久的特征。大学生体育学习心理就是在以往的体育学习中形成的心理状态,对体育学习产生重要影响。

第二,学习态度。态度是由认知、情感、行为意向三个因素构成的,比较持久的个人的内在结构,它是外界刺激与个体反应之间的中介因素。个体对外界刺激发出的反应受到自己态度的调节。体育学习态度的形成与他们成长的过程中所接受的体育影响和教育密不可分,体育学习态度的形成受多种因素的影响,并经过长期孕育的过程,是一个不断循环的反复过程。一个人的态度与其行为具有较高的一致性,有什么态度就有什么行为。心理学研究表明,人们对某一事物积极的态度和行为,取决于对这一事物所具有的价值的深刻认识和理解,同时也取决于对这一事物的浓厚兴趣。理性认识和感性体验相互吸引相互作用,共同发挥行为的动力作用,这样的行为才能有很好的稳定性和坚持性。

第三,课堂教学。现代教育的发展,教学改革的不断深入,必然要涉及教育思想、教育观念的转变。

第四,高校体育氛围。体育氛围是指高校体育环境、大学生体育热情、参与体育活动的积极性、主动性等。大学生认为,体育氛围对大学生参与体育活动,提高体育学习的积极性等有重要影响。体育氛围具有感染力,能够使大学生产生潜移默化的影响,从而提高体育学习的积极性和自觉性。

二、培养大学生体育学习能力的对策

第一,培养大学生体育学习动机和兴趣。学习动机是大学生个体内部促使他从事学习活动的驱动过程,它是学习过程的核心,推动大学生的学习活动,其培养方法是建立学习定向的课堂环境。所谓"学习定向的课堂环境",指的是使大学生倾向于学习活动的环境气氛。欲建立这种课堂环境必须做到:集中大学生的注意力,建立学习意向,帮助大学生确立学习目标和控制学习。在教学过程中教师应充分利用体育情景教学,因势利导,激励创新。教师应在课堂中注意调动大学生学习的主动性和积极性,激活大学生创新动机,树立创新意识,积极探索和采取灵活多样的现代化教学方法,进一步推广"愉快教育""成功教育"。为了培养大学生的体育兴趣,也可多与大学生进行交流。在体育教学过程中,教师应经常有意识地创设具有一定情绪色彩和形象生动的具体场面,以引起大学生的态度体验,应善于提出体育问题,创造体育情景,激发大学生体育思考。

第二,积极推进体育课程改革。体育课程改革必须做到以培养大学生体育兴趣、体育能力及创新精神为核心,为终身体育奠定基础,这是各国体育课程改革的一个共同趋势。构建适应素质教育的体育课程体系,从宏观上讲,主要内容有三点:课程目标的科学化、教学内容的多样化、课内外的一体化。理论知识与运动技术相结合,提高体育理论知识的学习比例。合理安排运动技术的教学内容,改进体育教学方法,提高体育教学过程的效果。强化体育教学改革,体育课程改革与体育教学并重,应强调以课程为中介的教与学互动原则,通过教师、大学生、教材等三者之间的互动行为过程,发挥课程的最大潜能,提高师生的积极性,采用灵活教学方法技巧,提高体育学习效果。

第三,加强高校体育文化建设。高校体育文化是高校体育物质文化和活动文化的总称,包括:高校体育环境、体育设施、体育资源、体育教学活动、课外体育活动以及体育氛围等,对大学生体育学习具有重要影响。因此,高校应大力加强体育文化建设,创造优良的体育学习环境,提高大学生体育学习的积极性、主动性,促进高校素质教育的健康发展,全面提高大学生的体育学习能力。

第八章　新时代高校体育与大学生素质教育

第一节　素质教育视域下体育教学的内涵释义

一、素质教育与高校体育的要求

(一)素质与体育

按心理学的解释,所谓素质是指人在生理方面先天所具有的特点,特别是神经系统的特点,它是形成心理个别差异的自然基础。决定性因素则是个人所处的社会环境、所受的教育以及所参加的实践活动。因此,遗传是素质发展的生物前提,提供发展的可能性;环境和教育是素质发展的决定因素,教育又起着主导的作用。只有创造良好的学习环境和教育条件,才能促进青少年的健康成长。

人的"身""心"是相互联系的,体育作为一种特殊的教学手段,通过学习而进行有效的体育活动,可以提高他们的动作技能,提高身体素质,促进人的全面素质发展。同时,通过运动来了解客观世界的规律,发展各种运动自觉和加深对体育科学概念的理解,充分而有效地进行体育活动,使人的知、情、意、行得到全面发展。

(二)素质教育对高校体育的要求

高校教育不仅要抓好智育,更要重视德育,还要加强体育、美育、劳动技术教育和社会实践,使诸方面教育相互渗透,协调发展,促进学生全面发展和健康发展。全面推行素质教育,要面向全体学生是高校体育的重要指导原则。

1.改变教学观念,以素质教育为指导原则,发挥学生的主体意识

素质教育是一种重视个性发展的教育。它尊重人格,承认个性差异,重视个性发展。素质教育的全面推进,给体育教学带来了新的挑战。为适应素质教育,体育教学必须改变旧的教学模式,加强因材施教,尊重学生的主体地位,引导学生自尊、自重、自主、自律,重视学生的兴趣、爱好和特长的培养,促进学生个性的发展。教材内容的选择要有的放矢,讲究实效,在教师的指导、帮助下,使学生不断地发展和完善自身的素质。

2.体育教学内容与方法的科学性、全面性、全体性

素质教育是国民教育,是开发人的潜能,提高受教育者的全面素质。应该在促进学生身体和技能发展的同时,培养学生的自主意识、能力和习惯,以适应学生一生发展的需要。素

质教育是一种面向全体学生的教育,注重提高每一个学生的基本素质,使每个学生都能健康成长。素质教育的全面实施,要求教学内容尽快由运动、竞技内容向健身内容转变,考核的标准必须顾及全体学生,使每一个学生都能学有所得,学有所成。

3.体育教学与其他学科的相互协调、相互渗透

体育不但是体质发展的必要条件,也是德育和智育发展的重要条件。在体育教学中,竞争与合作是实现育德的基础,竞争能提供刺激,激励学生不断进取,激发学生的好胜心,培养他们奋力拼搏、勇往直前的优秀品质;合作可以增进友谊、团结互助,为集体利益和荣誉而凝集在一起。高校体育要从"育体"向"育人"的方向转变,从单纯追求技术水平和身体素质转变到全面追求学生的身心协调发展上,全面完成增强体质,传授体育文化、健身意识、意志品质的统一协调发展的体育教育。

高校体育起着承前启后的桥梁作用,是建立体育意识的关键时期,是高校体育与社会体育的衔接点,一个大学生的健康状况关系到人才培养的质量。因此,高校体育应以健康教育为主线,重视学生体育意识和能力的培养,抛弃单纯的技术教学,把运动技术的学习作为一种手段而服务于健康这个目标,提高健身的能力。在体育理论教学中,使学生掌握科学锻炼身体的方法,为终身体育锻炼打下基础。只有这样,才能适应社会的竞争,适应现代化科技向人的体能的挑战。

二、高校体育素质教育的具体内容与结构

体育素质教育是广义素质教育中一个不可分割的组成部分,它是以面向全体学生,全面提高学生的体育素质,增进学生身心健康,以为社会育人为其根本目的,以体育实践为其主要手段,促进学生生动、活泼、主动发展的教育过程。

(一)高校学生体育素质结构体系的探讨

高校学生体育素质结构体系的探讨研究表明,身体显性与身体隐性因素共同反映着大学生身体素质的发展水平,可将其归于身体素质类。心理因素与个性因素是大学生体育心理素质的两个主要内容,体育认识因素与体育实践意识可统称为体育思想素质。体育道德基础与体育道德实践因子描述的是大学生体育道德认识、情感和行为的状况,属于体育道德素质。体育基础知识素养和体育人文知识素养集中体现着大学生体育文化素养的水准,可概括为体育文化素质。运动技术能力与学习锻炼能力明显反映的是学生体育能力的发展水平,可归纳为体育能力素质。体育审美修养与体育审美倾向因子,形成了大学生体育审美素质的主要内容。而个体行为习惯和社会行为因素则体现了大学生综合体育素质的发展状况,其本身也以体育行为素养的新姿成为这一素质中的新成员。

(二)高校体育素质教育内容组成分析

根据现代教育学、人才学及素质教育论的有关理论,大学生体育素质结构与高校体育素

质教育内容之间存在着一种严密而合理的逻辑对应关系。

高校体育素质教育的主要内容相应地包括身体素质教育、体育心理素质教育、体育思想素质教育、体育道德素质教育、体育文化素质教育、体育能力素质教育、体育审美素质教育与体育行为素养教育八个方面。为了进一步了解各类体育素质教育的具体内容，仍有必要依据素质与素质教育的相互关系，对上述八个方面逐一进行详细分析。

1. 身体素质教育

身体素质教育在体育素质教育中的含义，既特指运动训练学意义上的运动素质发展，也泛指解剖、生理学意义上学生的身体形态、身体机能、身体适应能力、身体承受能力以及身体抵抗疾病能力等方面的提高。身体素质教育是依据大学生的身体素质发展需求提出来的，它体现着体育素质教育与其他学科素质教育相区别的本质特征，即体育素质教育具有增强体质、增进健康、提高身体素质的独特作用。

2. 心理素质教育

体育心理素质教育包括提高智力品质、培养体育情感与意志品质、培养体育兴趣与需要等个性倾向以及增强自信心等自我意识。同样，体育心理素质教育是大学生综合素质全面发展的必然要求，是对大学生进行体育素质教育的重要组成部分。

3. 思想素质教育

体育思想素质教育主要包括体育价值观、终身体育意识、快乐体育意识、健康教育思想、体育参与意识、体育消费意识、体育法规意识等方面的培养与教育。意识是行为的先导，良好的体育思想素质是大学生其他体育素质高度发展的前提条件。因此，加强大学生体育思想素质的培养应贯穿于体育素质教育的整个过程。

4. 道德素质教育

体育道德素质教育是指对学生体育道德认识、意志、行为的教育和培养，倡导良好的体育道德，是当前备受人们关注的一个重要问题。因此，在高校体育中加强学生体育道德素质的培养，必定会成为体育素质教育的一项重要内容。

5. 体育文化素质教育

体育文化素质教育指的是提高学生在体育哲学、体育史学、体育理论等社会科学、体育生物科学、体育医学等方面的知识修养，知识的内化表现为人的知识文化素养。因此，体育文化素质教育要以掌握知识文化为手段，以培养知识文化素养为目标而有序、系统地展开。

6. 体育能力素质教育

体育能力素质教育主要包括对学生运动能力、技术能力、学习能力、锻炼能力及自评自控能力等方面的培养与提高。体育能力素质是促使大学生顺利完成体育学习与锻炼的综合品质，在体育素质教育体系中占据着十分突出的地位。

7. 体育审美素质教育

体育审美素质教育主要指的是提高学生对体育自然美、社会美、艺术美方面的感受能力、鉴赏能力与创造能力,培养学生良好的体育审美爱好与情趣等。体育美是体育赖以存在与发展的基本特质之一,充分挖掘与表现体育美、培养学生良好的体育审美素养是体育素质教育的一个重要内容。

8.体育行为素养教育

体育行为素养教育,主要指的是通过体育活动帮助学生形成良好的锻炼身体习惯、卫生习惯、生活习惯及人际交往行为等。良好的体育行为素养是大学生体育素质高度发展的外在表现,因此将体育作为素养教育纳入体育素质教育的体系,不仅是理念上的突破,还是实践上的需要。

(三)高校体育素质教育内容体系研究

1.在指导思想上体现出全体性、全面性与主体性

高校体育素质教育在指导思想上立足于面向全体大学生综合素质的提高,显出全体性特征;其内容体系涵盖体育素质发展的方方面面,具有全面性;同时,高校体育素质教育指向"以人为本",强调学生体育能力、个性与创造能力的培养,反映出高度的主体性特征。高校体育素质教育的上述三个特征与素质教育的一般特征完全吻合,符合广义素质教育的总体目标与基本思想。

2.在产生机制上反映出客观性与时代性

高校体育素质教育内容的产生来自广大高校体育界人士对大学生体育素质发展趋势的客观判断与考虑,反映了新世纪社会发展对学生体育素质培养的时代要求,因此该结构具有客观性与时代性。

3.在内容组成上体现出继承性与创新性

高校体育素质教育的内容组成吸纳了古今中外高校体育改革与发展的众多优秀思想与改革成果,并创造性地将基础教育领域的素质教育经验推向了高等教育领域,将一般素质教育成果移植到了体育学科素质教育的范畴,因而表现出继承性与创新性的高度统一。

4.在功能特征上反映出特殊性与拓展性

体育素质教育内容体系将身体素质教育作为生理层面素质教育而提出,突出了体育强身健体的本质功能。从这一基本功能出发,该内容结构挖掘出了体育素质教育的多种心理价值与社会价值,拓展了体育的心理或社会方面的多功能,因而它在功能特征上具有特殊性和拓展性。

5.在内容构架上体现出系统性与动态性

高校体育素质教育体系内涵丰富、层次分明,各类体育素质教育相互独立、相互联系,构成了一个有机的系统,该系统的内容、构架随社会条件的变化而始终处于动态的发展之中。因此,系统性与动态性是这一内容体系的重要特征。

综上所述,高校体育素质教育的内容体系是一个多层次、多维度的复合结构,各类体育

素质教育相互独立、彼此联系，共同实现体育素质教育的目标任务。这对于21世纪高校全面推行素质教育特别是体育素质教育，实现高校体育的大腾飞与新飞跃具有较为重要的理论与实践意义，可作为当前高校实施体育素质教育内容选择的参考依据。

三、高校体育在素质教育中的作用和地位

素质教育观念的明确提出，为高校的人才及人才的培养问题指明了方向。构成人才的基本要素可以概括为知识、能力、素质，而人才的素质即思想道德素质、文化素质、业务素质、身心素质四个方面。高校体育素质教育是以提高人才素质作为重要内容和目的的教育。在人才培养上，融传授知识、培养能力、提高素质为一体，特别是应更加注重素质的提高。在提高素质中又应以提高思想道德素质为根本，提高文化素质为基础，全面提高人才的整体素质。这就是新型的人才培养观念，或称之为素质教育观念。素质教育就是更加注重人文精神的养成和提高，重视人格的不断健全和完善，也就是重视学生学会"做人"的教育理念。

（一）高校体育在素质教育中的作用

根据高校体育的任务、功能，可设想把高校体育在素质教育中的作用分解成生理层面、心理层面和社会层面三大部分，也可以说成是身体素质方面的能力、心理素质方面的能力和自我能力三部分。这三者相对独立，但又相互渗透、相互联系。对生理层面的认识，仅把它限定于身体的锻炼及对体育的基础知识、基本技能和基本技术的掌握。只有在身体锻炼中才能发展学生的身体素质和运动能力，培养学生的耐力、灵敏和力量等素质，以增强对外界环境的适应能力和对疾病的抵抗力。心理层面指体育对学生心理素质的训练。高校体育则以其本身特有的辐射功能，培养学生顽强的意志品质，有效地促进学生的心理素质的提高。社会层面反映为学生的文化素质，是指在大学生参与体育活动过程中，能够对学生进行科学的"真"、道德的"善"和艺术的"美"的教育，使其在知、情、意、行诸方面都有更高层次的追求，确立文明、科学、健康的生活方式，从而促进学生德、智、体、美、劳的全面发展。

（二）高校体育在素质教育中的地位

体育发展的历史表明，体育随着社会的发展而发展，不同的历史时期其价值取向也各不相同，社会的需要就是体育价值的所在。当今，国家和社会需要的是高素质的人才，因此，可以说高校体育的价值在于所培养出的人才素质的优劣。教育改革发展的根本目的是多出人才，出好人才，高校肩负着培养高素质人才的历史使命，高素质的人才应是体魄强壮、身体健康的。身体素质是一切素质的根基，高校体育是提高学生身体素质的重要手段。同时，高校体育还渗透着对大学生心理素质、思想文化素质的培养。因此，高校体育是一门融生理学、心理学和社会科学为一体的综合性学科，是素质教育的重要内容，也是素质教育的重要手段，对高素质人才的培养有着重要的作用。

四、高校体育中实施素质教育的必要性分析

(一)高校施行素质教育是适应现代社会的需要

在现代社会,人们面临着多种机遇和众多的职业选择,那种终生从事一种职业的时代已经过去了,人们有更多的机会和可能充分地发展自己,实现自我价值。正是由于社会发展向人们展示了新职业、新岗位和提供了更多的发展机遇,因而使人们已有的知识、经验、技能不能满足工作的需要。这就向培养高级专门人才的高校提出了重视基础知识教学和培养学生能力的要求,促使学生敢于创新、勇于创新,勤于获取知识,善于学习新技能,从而把握发展机遇,适应新职业、新岗位。

在现代社会,经济、科学技术、文化日益交织在一起,且相互促进和影响,各种问题的解决日益求助于多学科融合的战略。人文社会科学在促进经济和社会发展中的作用日趋明显,任何重大的科学技术文化成就都同时涉及自然科学、技术科学、人文社会科学方面的知识,有些发明与创造是来自不同学科领域的众多科学家联合攻关的产物,科学技术文化的发展、社会的发展和人自身的发展越来越协同一致,彼此促进。大学生要在这种现代社会中求得生存与谋求发展,取得成就,作出贡献,必须具备渊博的知识和多方面的能力。而要达到这一目标,高校就必须强化素质教育。

(二)高校施行素质教育是高等教育面向世界的需要

首先,国际竞争说到底是教育的竞争,是人才的竞争。谁掌握了面向 21 世纪的教育,谁就能在 21 世纪的国际竞争中处于战略主动地位。谁培养了高质量的人才,谁就掌握了国际竞争的主动权、决胜权。为此,世界上很多国家都把提高高等教育质量、培养优秀人才作为高等教育改革的根本目标,并且清醒地意识到了实现这一目标的关键是强化学生的整体素质,将基础教育(非专业教育)和专业教育结合起来。

当今世界,国际间的交流日益频繁,相互合作的要求愈来愈迫切,相互沟通和理解的愿望变得更加强烈。对大学生来说,了解外国历史、文化、政治制度、社会现实、科学发展和生产力状况等,实现与其他国家的人才更好地合作,就显得格外必要。高校通过强化素质培养,大学生通过学习介绍外国历史、文学艺术、风俗习惯、政治制度变迁、社会现实、科学技术与生产力发展状况之类的课程,可以大大增长自己的见识。

最后,我们国家正在改革开放,大力发展社会主义经济。中华民族要自立于世界民族之林,要为人类社会的发展进步做出贡献。一方面,应学习外国的科学技术和优秀文化,吸收借鉴优秀的文化遗产;另一方面,应弘扬祖国的科学技术文化。大学生是受过高等教育的高级专门人才,理所当然地肩负着从事中外科学技术文化交流的使命。高校通过强化素质培养,为学生开设关于中外科学技术文化的人文社会科学、自然科学和技术科学的课程,有助于大学生完成这一任务。同时,这些课程的学习有助于大学生采取一种既对祖国繁荣、又对

整个世界进步和人类幸福负责任的生活方式和工作态度,成为面向世界的人才。

五、高校体育教育中实施素质教育的意义

(一)高校体育素质教育的特点

第一,高校体育素质教育是一种重视个性发展的教育。素质教育的全面推进,给体育教育带来了新的挑战。素质教育尊重人格,承认个性差异,重视个性发展。为适应素质教育,体育教学过程当中应该重视学生兴趣爱好和特长的培养,促进学生个性发展,使学生不断地发展和完善自身的素质。

第二,高校体育素质教育是一种科学性、全面性、全体性的教育。素质教育是国民的教育,是人的潜能开发的教育,是提高受教育者全面素质的教育。因此,必须改变旧的体育教育观念,在促进学生身体和技能发展的同时,培养学生的养成意识、能力和习惯,以适应学生一生发展的需要。素质教育是一种面向全体学生的教育,注重提高每个学生的基本素质,使每个学生都学有所获、学有所成,都能健康成长。

第三,高校体育素质教育是一种与其他学科相互协调、相互渗透的教育。体育是德育和智育发展的重要条件。高校体育教育要从"育体"向"育人"的方向转变,全面完成增强体质、传授体育文化、树立正确体育健康观念、培养意志品质等方面的统一协调的发展。

第四,高校体育素质教育是一种以健康教育、终身体育为主导的教育。高校体育起着承前启后的桥梁作用,是建立体育意识的关键时期,是高校体育与社会体育的衔接点。大学生的健康状况关系到人才培养的质量。因此,高校体育应以健康教育为主线,重视培养学生的体育意识和健身能力,为终身体育服务。

(二)高校体育教育中实施素质教育的意义

素质教育是有层次性的教育形式。高校的素质教育其思想是全面实现大学的教育价值,其实践要点在于价值的引导和培植,其最高目标是使受教育者具备新型的人文精神。

体育教育是高校教育的重要组成部分,是高校培养和提高学生思想道德、文化知识、运动技能、身心发展、审美观念以及习惯能力等素质的有效途径。优良的身体素质是学生健康地进行学习、生活和工作的保障,是学生各种素质发展的生物学基础。高校体育素质教育强调以人的发展与完善为目标,对人的本质和身体施加良好的影响,这就决定了素质教育必须是全方位的教育。因此,高校体育中的素质教育就成了高校教育中有效的、必不可少的组成部分。

大学生正处于身体生长发育的鼎盛期,其生理与心理的可塑性极强。他们思想活跃、思维敏捷、求知欲强、热爱新鲜事物、有强烈的好奇心,是形成世界观、人生观的重要时期。高校体育教学形式活泼、内容丰富、以动为主,适应大学生生理与心理的发展需要,是高校贯彻素质教育、培养全面发展的专业人才的有效教学形式。高校体育中的素质教育不仅是改革

现行体育制度、内容和方法的需要,也是奠定受教育者完整的人生基础、提高其综合素质的需要,是人类社会发展和进步的根本教育方式之一。

第二节　素质的内涵与特征

一个国家、一个民族、一个社会的文明程度和进步速度主要取决于人的素质,而人的素质的提高在很大程度上取决于这个国家、民族、社会教育事业的发展水平。任何教育按其本质来说,都是按照社会的要求,依据教育自身发展的特点,去培养人、塑造人和改造人。大学生作为未来社会的建设者,其素质程度如何,对社会的发展、民族的复兴有着很大的影响作用。按照全面建设小康社会的目标要求,与时俱进,开拓创新,不断改进教育工作,切实提高大学生的政治道德素质、科学文化素质和身体心理素质,是摆在每位教育工作者面前的一个重要课题。

为了清晰地了解素质教育,我们必须准确地把握素质的含义及其特征,立足当前大学生的素质现状,厘清实施素质教育的思路。

一、素质的基本内涵

作为人的素质来说,其本意是指人们与生俱来的某些解剖生理特征,即所谓"遗传素质"。其基本含义是:一般指有机体天生具有的某些解剖和生理的特性,主要是神经系统、脑的特性,即感官和运动器官的特性,是能力发展的自然前提和基础。

"素质"是先天的,教育是后天的。教育界提出的素质教育的"素质",是先天遗传的禀赋与后天环境影响、教育作用的结合而形成的相对稳定的基本品质结构。

《辞海》对此作了较好的解释:"人或事物在某些方面的本来特点和原有基础。人们在实践中增长的修养,如政治素质、文化素质。在心理学上,指人的先天的解剖生理特点,主要是感觉器官和神经系统方面的特点。是人的心理发展的生理条件,但不能决定人的心理内容和发展水平。某些素质上的缺陷可以通过实践和学习获得不同程度的补偿。"

《教育大辞典》提出了符合素质教育理论与实践要求的说明:"个人先天具有的解剖生理特点,包括神经系统、感觉器官和运动器官的机能特点。通过遗传获得,故又称遗传素质,亦称禀赋。对人的能力形成和发展具有重大影响指公民或某种专门人才的基本品质,如国民素质、民族素质、干部素质、作家素质等,都是个体在后天环境、教育影响下形成的。"

由此可知,人的素质不仅是指某一方面的知识或能力,而且是指人的内在品质的总和,是人通过学习、训练和内化等过程形成的稳定的基本品质结构,包括人的思想、知识、身体、心理品质等。

二、素质的主要特征

（一）遗传性与习得性

从素质的来源看，它既具有遗传性，又具有习得性。更确切地说，素质是遗传性与习得性的统一。遗传性，又可称为先天性。人的一部分素质主要是先天具有、与生俱来的，也就是说，它是生物遗传的结果，如自然素质所包含的解剖生理特点便是。应当说，素质生来即有的自然特点部分具有遗传性。习得性，又可称为后天性。人的另一部分素质并非由遗传而来，而是在遗传的基础上，通过教育、环境与实践活动的影响而逐步习得的。应当说，素质习得的品质部分具有习得性。因此，从整体来看，素质是遗传性与习得性的统一。遗传性是基础，习得性是发展。只有以遗传性素质为基础，才能形成习得性素质，即只有二者统一，才能形成完整的素质。

（二）自然性与社会性

自然性与先天性相联系。正因为人的素质的一部分来自遗传，所以它具有自然性的特点，即这些特点反映了生物因素的内容，打上了自然影响的烙印。社会性与后天性相联系。正因为人的素质的一部分来自学习，所以它具有社会性的特点，即这些特点反映了文化因素的内容，打上了社会影响的烙印。因此，从整体来说，素质乃是自然性与社会性的统一。自然性与社会性的关系同遗传性与习得性的统一关系基本上是一致的。

（三）内潜性与外显性

所谓内潜性是指素质往往以潜能形式潜藏在主体内部，等待开发。潜能并不神秘，它是人的心理、养成素质形成与发展的可能性。只有创造必要的条件，把人的潜能开发出来，即把素质的内潜性充分发挥出来，才能使此种可能性转化为现实。人的素质一旦形成之后，它往往又会在人的活动中与行为上表现出来，他人只要注意观察，就可以了解某个人的素质水平的高低与优劣。可以说，一个人的为人处世、待人接物均可以反映出其素质状况，而一个人的素质状况也可以表现出其真正的为人。这乃是素质外显性的具体内涵。因此，从整体来说，素质乃是内潜性与现实性的统一，这个统一也就是可能性与现实性的统一。可能性是现实性的前提，现实性则是可能性的转化，即只有二者统一，才能形成完全意义的素质。

（四）稳固性与可塑性

所谓稳固性即无论是素质先天具有的自然特点，还是后天习得的社会品质，都是不大容易变化的，而且它在人的一生中，会产生较为长期的稳定效应。可塑性又称发展性，即素质产生与形成后，虽然有一定的稳固性，但它并非一成不变，而是在一定的条件下，也可以发生某种程度的改变。正因为素质是可以改变的，发展的，所以它就具有"可塑性"。因此，从整体来说，素质乃是稳固性与可塑性的统一。稳固性是可塑性的基础，可塑性是对稳固素质的改变与提高；可塑性是形成稳固性的手段，稳固素质是可塑手段所追求的目标。二者如此统一,就可以不断地提高人的素质水平。

(五)整体性与个别性

素质的整体性有两种含义:一是各种素质密切联系、相互渗透,使素质构成一个有机整体;二是素质发挥整体功能。这两个含义实质上是一回事,即因为素质是一个有机整体,所以它才会产生整体效应。素质的个别性也有两种含义:一是各种素质虽然密切联系而不可分割,但它们又具有相对的独立性;二是各种素质各自发挥作用。这两个含义实质上是一回事,即各种素质是相对独立的,所以它们才会各有各的功能。因此,从整体来说,素质乃是整体性与个别性的统一。因此,我们既要看到素质整体性的一面,让它发挥整体效应;又要看到其个别性的一面,让各种素质独自发挥功能。只有如此地把二者统一起来,才能充分发挥出素质在人生中的价值。

(六)群体性与个体性

所谓群体性即群体具有共同的素质。因此,素质的群体性又叫作素质的共同性。正是在这个意义上,我们才有民族素质、国民素质、公民素质、干部素质、教师素质等说法。这诸种素质即群体素质或素质的群体性。个体性指各个人具有不同的素质。因此,素质的个体性又叫作差别性。例如,政治素质、思想素质、文化素质、科学素质等,在某种意义上也可以说是个体素质或素质的个体性。因此,从整体来说,素质乃是群体性与个体性的统一。而这个统一实质上就是共同性与差别性的统一。众所周知,共同性与差别性是难以分割的,即共同性中包含有差别性,差别性中亦蕴藏有某些共同性。只有如此看待二者,才能理解与把握素质的真谛。

三、素质的类别与关系

(一)素质的类别

素质的类别是一个重要而复杂的问题,但也是一个应当认真讨论以取得共识的问题。我们拟就三类六种素质的类别划分如下:

第一,身体素质,亦称生理素质。它指人们与生俱来的感知器官、运动器官、神经系统,特别是大脑在结构(解剖)与机能(生理)上的一系列稳定特点的综合。身体素质还应当包含人们生来即有的一些本能在内,如吃喝本能、防御本能等。由于这些解剖生理特点与本能都是遗传得来的,因而可以说,身体素质乃是一种先天因素占主导的素质。

第二,心理素质。它是人们以身体素质为基础,在教育与环境的影响下,通过学习等实践活动而获得的一系列稳定的心理品质,主要包括认识——智力因素品质与意向——非智力因素品质。由于人们的心理品质是以身体素质为基础在后天的生活与活动中习得的,所以可以说,心理素质乃是先天因素与后天因素的"合金"。

第三,养成素质,包括文化素质、科学素质、道德素质、政治素质。它们是人们在选择、适应与改造社会环境的过程中逐步形成的一系列稳定社会性品质的综合,由于这种品质都是在实践活动中获得的,因而可以说,养成素质乃是后天因素占主导的素质。

(二)三类素质之间的辩证关系

三类素质之间的关系可用相互联系和相互影响来表示。三类素质虽然各自具有相对的独立性,但三者并非截然分割的,而是紧密联系的。其实,在身体素质中就蕴含有一定心理的、养成的成分,如本能,它属于身体素质,但也是心理的东西;又如,人脑的种种特点当然是身体素质的重要组成部分,但人脑也蕴含有养成性,人类世世代代所积累的社会经验在人脑的长期进化中就有所积淀,可以说,人脑的养成性乃是它不同于动物脑的根本标志。养成素质本质上就是心理素质,为了强调人们选择、适应与改造社会环境的心理能力的重要性,把这一部分从心理素质中抽取出来,总称为养成素质。心理素质是以身体素质为基础,在不断接受文化教育、社会环境的影响中形成的,这就表明心理素质与身体素质、养成素质具有难以分割的关系。

(三)三类素质的地位和作用

三类素质中,身体素质是基础层,心理素质是中介层或核心,养成素质是最高层。这就把三类素质在素质结构中的地位与作用揭示了出来。

1. 身体素质是其他素质的基础

身体素质是另两类素质形成和发展的物质基础,必须有健康的感觉器官,才会有正常的感知;必须有健全的运动器官,才会有正常的活动。也只有具备健康并健全的神经系统与大脑,人的一切心理活动才会健康,综合素质才会保持良好状态。

2. 心理素质是其他素质的中介或核心

所谓中介,一般有两个含义:一是事物各阶段从低级向高级发展的中介,这个中介可以称为过渡环节;二是事物各组成因素相互联系的中介,没有这个中介,各因素就会像一盘散沙,无法被组合在一起,这个中介可以称为中间环节。素质像一切事物一样,既有纵向联系,也有横向联系。在这两种联系中,心理素质都发挥着中介的作用,即在纵向结构中,心理素质是身体素质发展到养成素质的中介;在横向结构中,心理素质又是两类素质相互联系的中介。无论从它的哪种中介作用来看,心理素质都处于核心地位,发挥着核心作用。

3. 养成素质是其他素质的调节者

养成素质是素质结构的最高层。一方面,它建立在身体素质与心理素质的基础之上,即身体素质是它的物质基础,心理素质是它的心理基础;另一方面,它一经形成后,又反转来支配、调节人的身体素质与心理素质。众所周知,世界观是属于养成素质范畴的,而世界观又是人的一切心理与行为的最高调节者。据此,完全可以顺理成章地说,人的养成素质乃是人的身体素质与心理素质的最高调节者。

第三节 素质教育的性质

一、素质教育的含义

人的素质不但涉及人的生理遗传表现出来的特征,如肌肉发达水平、速度耐力、肺活量等,更重要的是指后天经过学习所获得的各种社会属性,如观念意识、思想品德、价值取向、情操情趣、文化修养等的综合反映。我们所说的素质教育就是建立在对素质的这种社会性理解上,因此,素质教育本质上应是面向全体大学生的教育,素质教育的目的也就是"教人成为社会的人""人是一切社会关系的总和"在素质教育中能得到最为充分的体现。因而,我们可以据此得出素质教育的概念,即是指依据人的发展和社会发展的实际需要,全面贯彻党的教育方针,以全面提高全体大学生的基本素质为根本目的,以培养大学生的创新精神和实践能力为重点,通过各种科学有效的途径,造就"有理想、有道德、有文化、有纪律"的德、智、体、美、劳全面发展的社会主义事业建设者和接班人。

素质教育有三个要义:其一是面向全体大学生;其二是德、智、体、美、劳全面发展;其三是让大学生主动发展。

二、素质教育的重点

教育是人类生存本能的延伸。国际上有一种观点:"教育就是学会生存。"在这个充满竞争的世界里,在这个"信息爆炸"的时代里,每个人都要从人类未来社会的生存与发展着眼调控自己的行为,着力开发智力,培养人格,即不仅要关心自己和家庭,还要关心国家、民族,关心他人,关心人类道德,关心地球和宇宙真理。21世纪的教育将是从学会生存到学会关心再到学会创造,既为物质文明建设服务,同时也为精神文明建设服务。

(一)重视教育对象主体能动性的发挥

实施素质教育就是充分发挥教育对象的主观能动性、创造性,为大学生今后步入社会生活准备各种发展的可能。就要设计多种方案发挥教育对象在诸如运动、观察、实践、思考、审美等方面的主观能动性,唤醒大学生的自主意识,并通过自身的创造性活动,不断开辟未来、塑造自我。

(二)重视非智能因素的培养

非智能因素是指与心智(认识)过程直接相关的情感过程和意志过程,它们都是心理现象中不同过程的内在统一。人的成熟与发展,除了智能因素外,还有非智能因素的影响,而且非智能因素是智力发展的可靠保证。正是非智能因素的差异,如兴趣的浓厚程度如何、意志的坚强程度如何、道德品质的高低等造成个体智力发展的不均衡。可以说,非智能因素是影响智能发展的重要条件。当然,实施素质教育并非只是把非智能因素作为提高教育对象智能水平的手段,非智能因素本身的培养也是素质教育的目的,如文学艺术教育中的情感因素、科学研究中的创新精神、道德伦理中的理想情操等,都是教育对象应该具有和不断完善的。

(三)重视大学生创造思维能力的培养

素质教育所指的创造能力,是指外在的因素或条件在教育训练的过程中,内化为教育对象自觉进行思维活动的一种内在力量,更准确地说是一种勇于创新的意识,一种勇于创新的内在需求,最重要的是创造性思维和创造性想象。素质教育对于创造能力的培养,首先要注意培养大学生的基本能力,具体包括观察和发现问题的能力、自学能力、想象能力、实践能力。其次要在学习和研究的方法上培养创新能力。现代高等教育中非常重视归纳法,特别是以此方法培养大学生的创新能力。摆一堆材料或罗列一些现象,不做提示或只做必要的提示,让大学生自己去思考,自己去寻找其中的联系并得出结论。大学生在这种探索中,观察能力、组织能力等得到锻炼,创新的兴趣和动力也被激发和培养起来了。因此,素质教育在教学方法上除了重视演绎方法外,更应该重视归纳方法的运用,以利于教育对象创新能力的培养。

(四)重视大学生健康人格的培养

所谓人格是指现实中有特色的个人,是人经由社会化获得的,具有内在统一性和相对稳定性的个人特质结构,是人思想和行为的总和。现代大学生健康人格是一个以进取性为重要特征的,由进取性、创造性、协调性三个精神要素有机组合而成的,具有若干优良品格的全面发展的人格。

大学生通过健康人格教育不但懂得了怎样做人的道理,而且学会了如何做人的技能,使他们形成较高的人格魅力,为自己的健康成长奠定良好的基础。

三、素质教育的主要特征

(一)基础性与成功性

素质教育的基础性特征体现在素质教育中是培养大学生"为人生做准备"所应具有的方方面面的基本素养、基本能力、基本知识、基本技能,以适应未来社会广泛的职业需要。

素质教育是一种创新性的教育,它引导大学生自己去观察新事物、形成新概念、掌握新工具,去解决前人尚未解决的问题,使他们相信任何一种科学结论都是有条件的,一旦条件变化了,结论也会变化。素质教育最重要的就是培养大学生强烈的创造欲望、创造意识,组织大学生的创造行为,鼓励大学生自己去发现问题,找出解决问题的各种方法和途径。素质教育要求教师创造一个特殊的环境,一种新异的方法,让大学生的创造才能得到充分发挥。通过素质教育形成大学生完整丰富、独立健康的人格、精神风貌及精神力量,培养大学生的现代社会意识。通过素质教育,将个体的发展与社会的发展有机地统一起来,从而促进个体与社会的共同发展。

每一个人生来都具有追求成功的心理倾向;每一个人都欲取得成功;每一个人只要努力都可以取得成功。这三条带有规律性的东西,就构成人们的成功心理或成功意识。所谓素质教育的成功性,就是必须尽可能创设条件,保证每一个大学生都能获得某种成功,也就是要保证他们都能达到一定的素质水平。

(二)全体性与全面性

素质教育的全体性是指素质教育是面向全体人的教育。它是一种使每个人都能在他原有的基础上得到充分发挥的教育。素质教育要求平等,尊重每一个大学生。

素质教育的全面性是指以提高全体国民素质为宗旨,通过实施素质教育,培养德、智、体、美、劳全面发展的社会主义现代化的建设者和接班人。它重视国民的共同素质教育和专业系统教育的统一,重视大学生的知、情、意、行及智力因素和非智力因素的全面和谐发展,重视德、智、体、美、劳在每个大学生身上的具体落实。因此,素质教育是以促进大学生政治道德素质、科学文化素质、身体心理素质等全面提高和发展为目的的教育。

(三)发展性与个性化

素质教育的发展性特征是指促进大学生个性的发展。通过素质教育帮助大学生充分、自由地发展自己的兴趣、爱好、特长、自主性、独立性和创造性,培养个体的学习能力,调动大学生的学习动机,使学习成为学习者的主动过程和为学习者推动的过程,从而使自己的个性在不断的学习过程中得到充分的发展和完善。

素质教育既承认人与人在基本素质上是相同的或相近的,同时又看到人与人之间存在着很大差异。人的基本素质的相同性为每个人的发展提供了多种可能性。而在环境和教育的影响下,每个人的主观能动性不同,使人与人之间的差异是绝对的。素质教育是从人的差异出发,通过教育过程,使每个人在原有的基础上得到发展与完善。素质教育不赞成教育上的平均主义,是因为它不是消除差异,而是通过人的态度和价值观的变化,形成一种自我激励与约束的内在机制。

(四)交互性与层次性

交互性指各种素质交互作用,你影响我,我影响你。据此,在开展素质教育时,我们对各种素质教育必须全面顾及,综合考虑。层次性有两方面的含义:其一,人的三类素质是有层次的,生理素质是基础层;心理素质是核心层,它既影响生理素质的水平,更影响养成素质的质量;养成素质是调节层,它一方面要以生理素质、心理素质为基础,另一方面又给这两个层次的素质打下了一定的社会烙印。素质的层次性决定了素质教育的层次性。我们必须重视这三类素质教育,以发挥三类素质的基础、核心或调节作用。其二,各种素质本身也具有从低级到高级、从简单到复杂的多层次性。在各种素质教育中,我们应当考虑这一特点,以便制定不同层次的教育目标,选择不同的教育内容,运用不同性质的教育方法。

交互性与层次性的统一。交互性是从事物的横向讲的,层次性则是就事物的纵向说的;事物的纵横交错决定了交互性与层次性的统一。

(五)内化性与外化性

人的素质除生理素质是先天具有的以外,心理素质与养成素质都是后天习得的,而且生理素质也需要从外部获得某些东西才能得以发展和提高,也就是说,归根结底,属于大学生内部的主体素质,都是由外部的客体的东西转化而来的,这也就是所谓的素质教育内化性。根据这一特点,我们必须抓住内化这个关键,才能使素质教育落到实处,收到实效。有内化就有外化。大学生通过素质教育的内化养成种种素质后,还必须立足于自己的素质去参加实践活动,运用自己的素质去解决实际问题。也就是说,属于大学生内部的主体素质,还要转化为外部的客体的东西,这就是所谓的素质教育外化性。在实施素质教育时,我们在抓内化的过程中,还应当及时地抓住外化不放,以培养大学生的实践能力。

(六)理论性与实践性

所谓理论性指素质教育是一种教育理论、教育思想、教育观念,其理论性是十分凸显的。它在我国的出现与推行,虽只有短短十来年的历史,但实际上,它继承了古今中外的一切有价值的教育理论、教育思想与教育观念,反映了人类世世代代所积累的丰富教育经验。当然,素质教育理论还需要更多的有识之士去探索它、丰富它。素质教育不仅继承了古今中外的教育理论,同时它还是历代特别是当代教育长期实践的结果。素质教育思想来自教育实践,又指导教育实践,这就是其所谓实践性的含义。这一特点要求我们,必须把素质教育付诸实践,全面推进。实践是检验真理的唯一标准。唯有通过实践,才能使素质教育扎下根来,成为我国21世纪教育改革与发展的主旋律。

(七)民族性与时代性

不同的民族、不同的时代对素质教育的要求不尽相同,所以素质教育又带有一定的民族性特征和时代性特征。一个民族在与社会的相互作用中,表现出两种目的性:一是生存的目的,二是发展的目的。这就要求一个民族具有在特定的环境中生存和发展所必备的素质。素质教育的任务就是要扬民族素质之长,最终提高整个民族的素质,这就是素质教育的民族性。由于社会的不断发展、进步,新时代要求人的素质尤其是民族素质不断更新、完善。

素质教育要从人的发展角度出发,主动适应科技和社会的发展要求,跟上时代的步伐,促使人得到更广泛的发展,即素质教育具有时代性特征。素质教育的目标是让下一代人适应未来发展的需要。教育给予人的不仅仅是已有的知识、经验,还有在动态环境下不致失掉种种发展的机会。当代人应该从知识范围、能力系统、心理状态等方面大大超过前人,成为时代的成功者。因此,素质教育所确立的教学计划、教材和培训方式都是面向未来的。从某种意义上说,这是教育价值观的一个大变化。

第四节 大学生素质教育的重要性研究

一、素质教育与塑造大学生健全人格

随着市场经济的建立和完善,高等学校的功能已经由单纯的育人功能变为育人和科研并重的双重功能,因此高等教育与国际接轨和适应社会主义市场经济是历史发展的必然。适应市场、服务社会、与经济接轨是目前高等教育的改革方向。从某些角度看,高等教育具有和经济活动相似的规律和特征。但教育所面对的是人,它具有多种功能,除经济功能外,教育还有政治的功能、文化的功能和全面育人的功能。因此,高等教育中的科研成果和高科技产品应该与市场经济接轨,只有这样,高校才能生存和发展;只有培养有理想、有道德、有健全人格的高素质的人才才是教育的根本任务。

素质教育中首要和重要的内容便是人格素质教育。人格决定一个人的命运,同样也决定和改变着社会与世界。社会主义的教育事业需要具有高尚品德健全人格的人才,培养出跨世纪的"三个面向"的"四有"人才,担当起祖国现代化建设的宏伟大业。

教育的根本目的是培养全面发展的人才。就教育本身而言,有两个层面的含义:一是哲学层面,包括教育的本质、宗旨与理想;二是教育的科学层面,涉及教育的组织形式、管理制度、课程设置等。

一般来说,在讨论教育时,往往更注重教育的科学层面,如进行教改、加强管理、提高教学质量及升学率等,培养出有技术、有能力的高级专门人才。教育的真正意义不仅在于使学生获得知识和技能,教育的更高宗旨在于通过教育使学生的人格朝健康的方向发展,学校的使命是培养既有知识又有道德的人。

教育者的责任不仅仅是传播知识与技能,更重要的是引导学生确立正确高尚的人生观价值观,也就是培养有高尚品德健全人格的全面发展的人,把所学的知识贡献给国家和社会。

二、大力实施人格素质教育,培养德才兼备的人才

多年来,为培养全面发展的高素质人才,各国都在适应性地修正教育目标。因而,推行素质教育已经成为21世纪教育的发展趋势和当今的国际潮流,尤其是人格素质教育的推行。在我国,全面的素质教育已推行了好多年,目前,如何在现有的素质教育中突出"人格素质教育"是我们教育工作者应该思考和实践的。

人格可以定义为:引导一个人做出高尚行为的内在品质,是一种与当代社会和文化交融而形成的稳定的个人心理特征。一个人心理成熟程度决定着人格品性的高低。一个成熟的

人格应具有高尚的品德、正确的价值观和健康良好的习惯,追求为社会、为他人而努力进取的典范人生。

人格素质教育包含心理素质(心情)教育和规范教育。心情教育指责任感、世界观、人生观、爱国爱民情操等教育;规范教育包括道德教育、伦理教育和个人行为教育。针对目前大学生的人格素质现状,大学教育应将政治思想教育、社会实践和自我教育有机结合起来,促进学生的人格朝健康、积极、全面的方向发展。

(一)以德育教育为核心,培养学生优良的思想品德素质、崇高的爱国主义精神

德育是教育的核心,遵从德育原则,采取有效措施,坚持社会主义育人的标准,培养大学生优良的思想品格。通过"两课"的教学、形势政策课的讲授、举办不同形式的讲座、利用读书兴趣向学生推荐好的书籍等方式影响学生群体人格。在大学生中倡导高尚的品德,弘扬正气,包括坚定正确的政治方向,崇高的爱国主义精神,对祖国对民族有高度的责任感、义务感和牺牲精神;积极追求真理,对事业有强烈的献身精神,具有高尚的思想品德、崇高的精神境界。

(二)以班级建设为基础,引导学生崇尚进取的人生观,确立正确的价值观

人格教育的基础是被人类社会普遍认同和珍视的价值观。诚实、尊重、勇敢、勤劳的美德在各国的价值观中都能找到。要经常组织形式多样又贴近学生思想的班团活动,引导学生建立正确的价值观,崇尚积极进取的人生观,选择良好的人格品质作为自己人格塑造的依据,如自信、开朗、勇敢、热情、勤劳、坚毅、谦逊、善良、正直等进取性人格。树立远大的理想,勇于开拓,富于创新,将自己的命运和祖国的前途联系在一起,这是人格教育的中心任务。理想是人格的灵魂,只有树立为国家为民族奋斗终生的理想的人,才具备高尚的人格。

(三)以养成教育为重点,帮助学生培养良好的个人行为和健康的心理素质

养成教育即规范教育,需要教育者自己拥有积极正直的人格,在学生中树立自己的人格权威,主动接近学生、认识学生、了解学生,有效地指导和锻炼学生做人行事的正确态度和行为;在抓班级建设和日常管理中,注重思想工作的深入细致,利用班级的集体氛围,强调道德纪律,培养学生良好的习惯,让学生经过纪律的约束和锻炼而获得自律能力,以便自觉遵纪守法,尊敬他人,形成良好的班风校风;培养学生的合作能力,让学生在班级活动中相互交流、相互学习、相互服务,学会信任、尊重、负责、接纳等优良品质以及解决冲突的办法,锻炼出较强的意志力、自控力和自律力,培养和谐的人际关系,对世界充满爱心等。

优秀的人格品质对一个人进入社会是非常重要的。良好的个人行为来自健康优良的心理素质。在素质教育日益加强的今天,大学生越来越多的心理问题,使心理素质教育迫在眉睫。心理素质是人格的重要组成部分,因此,在培养学生良好的个人行为的同时,通过多种途径加强学生心理素质教育,引导学生正确认识自我、评价自我,增强心理承受能力,善于从失败中走出来,积极向上,拥有一个积极健康的心理去面对学习生活、面对一切。

（四）以社会实践为途径，实现学生人格的社会化、个性化塑造

大学生正值青春时期，大学时代对他们来说是至关重要的，不仅仅获得知识，更重要的是学会做人，即人格的塑造。而人格的塑造是在不断的实践中完成的。因此，社会实践是帮助学生实现人格的社会化、个性化的重要途径。

三、素质教育与促进大学生全面发展

市场经济对大学生的能力和素质提出了新的要求和评价标准，即要求大学生成为"一专多能"的复合型人才。"一专"指的是具有扎实宽厚的专业基础，"多能"指的是具有较强的应用能力、创造能力、表达能力、交往能力和基本的管理能力。

（一）努力提高应用能力和创造能力

1.努力提高应用能力

(1)应用能力的内涵

应用能力，即综合运用所学知识进行分析和解决实际问题的能力，可以解释为两个步骤：运筹——行为。

运筹，也就是人们在面临各种不同的场景时，自觉或不自觉地运用自己所掌握的知识，对实践目的和实践方法做出选择的过程。在这一过程中，心理上的矛盾和冲突是在所难免的，而人的运筹能力也就是在这一复杂的心理运动过程中得以展现的。在这里，果断的品质是十分重要的。所谓果断，就是人们在较短的时间内，及时、准确、迅速、合理地根据各种情况进行运筹决策并毫不犹豫地作出决定、执行决定的心理表现。它需要较快地考虑到各种情况，果断地从几种可能中选择一种——当然在条件允许的情况下，一个果断的人，可以较为从容地分析情况，从而作出正确的判断。

行为，是将运筹得来的结论付诸于认识和实践的过程。而行为能力，则是执行运筹方案、处理和解决各种问题的能力。在行为过程中，常常要付出巨大的努力并且心理很紧张，需要忍受种种由行为本身或行为环境带来的不愉快的体验，因而要以坚韧灵活的方式，克服行动中的内部困难和外部困难。

(2)应用能力的时代意义

当今世界，面对新技术革命和提高综合国力的严峻挑战，各国都把培养21世纪所需要的人才作为提高国力、迎接新科技革命挑战不可缺少的手段和条件。经济的竞争，归根到底是教育的竞争、人才的竞争。因此，教育改革和发展成为世界各国十分关注的问题。

(3)联系实际、提高应用能力

作为新时代的大学生，应在平时就注重培养应用方面的能力。实际操作能力也就是动手操作能力，它是实验能力、制作能力和工艺能力等的统称，也是应用能力的一个重要方面。所谓"心灵手巧"正是指的这一点。古今中外的能工巧匠和其他领域里的精英人物往往有着

出色的实际操作能力。世界上许多对人类进步有着重要作用的创造发明,都依赖于人的实际操作能力。

2.注重培养创造能力

(1)创造能力的内涵

什么是创造能力?这是教育界及心理学、脑科学研究的热点问题。我们认为所谓创造能力是观察能力、注意能力、分析能力、想象能力以及操作能力等诸多能力的综合应用能力,即调动和运用各种能力的能力。由于创造核心在于"新",即创造的结果是新思想、新概念、新理论、新方案、新工艺、新技术、新方法等的出现,所以亦称为"创新能力"。

①创造性人才的素养,在智力品质上应该有:第一,合理的知识结构——涉足领域的基本专业知识及相关领域的辅助知识,有利于"创新"的知识构成。第二,合理的智能结构——自学能力、观察能力、理解能力、文字与口头的表达能力、组织管理能力、动手操作能力、科学方法论及创造思维能力。第三,评价鉴赏能力——能运用知识和智能,认识事物的规律和本质,把握发展方向,预测未来及后果的能力,在决策、应变、统筹、发挥优势等方面表现出来。

②在非智力品质上,应该有:第一,创造动力因素——有创造的需要、有创造的动机与理性胆识。第二,创造行动心理——有创造的兴趣及敏感性、创造性思维方法。第三,创造的特殊思维心理——如灵感、直觉、顿悟、机遇、好奇心等。智力因素与非智力因素平衡协调发展,才能培养较强的创造能力。

(2)解放思想、培养创造能力

大学生创造能力的培养有三方面的因素,即客观环境、主观努力、教师的素质训练。

知识结构是创造能力的基础。大学生要培养创造能力,首先要有完善合理的知识结构;此外,还应具备一些必要的其他知识与意识,如"专利意识"等。大学生应记住一句格言:学习前人经验,走自己的道路,早日进入角色。

①善于发现和捕捉有疑问的问题。多积累,反复翻阅,对启发新思维有好处,在不同时期可以得到不同层次的解决方法或答案。善于中肯地发现问题,就解决了问题的一半。尤其对社会问题,调查就是解决问题。积极参加社会第二课堂,是发现问题、进行实践的好机会。

②珍惜学习中的实践环节。每次实验、实习、社会考察,都是探索自然和社会奥秘的机会,既有学习,也有发现的内容,本身就是一次小型科研活动。

③撰写科技论文是创造才能的标志之一。实验分析家要拿出科学的数据,理论家要提出自己的框架体系,产品设计家要拿出受社会欢迎的新产品,即必须将成果写成论文发表,才能得到社会的承认。学术论文是研究成果的体现,是创作与创造活动的一部分。把学习中有独特见地的设想撰写成文章,也是进行创造的具体表现。

④认真参加课程设计及毕业设计(论文)工作。对多数大学生来说,这是第一次创造性

活动的演习,要收集大量的资料,自己分析取舍,用自己的知识能力去解决实际问题。这是一个锻炼创造能力的绝好机会,所以一定要珍惜。

(二)练就较强的表达能力

人类交往主要借助语言媒介来完成。大学生走上社会以后,无论从事什么工作,都必须与人打交道,必须与他人交流思想、感情,这些日常的面对面交谈或演讲、编辑文书、撰写工作报告,都离不开语言媒体。因此,我们这里所讲的练就较强的表达能力主要包含口头表达及文字表达两个方面,实际上就是要求大学生要通晓和把握语言艺术,并能灵活地加以运用。

(三)培养独特的语言风格

语言风格是语言运用中各种特点的综合表现。由于人们运用语言的方式、方法不同,从而形成不同的风貌、格调,在交际中各有用途、各具特色。要想练就较强的表达能力,除了通过多读书、读好书来拓宽自己的知识面、增加自己的文化涵养之外,还应注意把握以下几类语言风格。

1.简洁精练

简洁精练是以最经济的语言手段输出最大的信息量。在交际中,简洁精练的语言常常能比繁杂冗长的话题更吸引人。它体现出说话人分析问题的快捷和深刻,是其认识能力高超的体现。这一语言风格也是时代风貌的反映。现代社会节奏快、时间观念强,说话简洁会给人一种生机勃勃的现代人的感觉,尤其为人推崇。所以,我们要努力培养自己简洁精练的语言风格。

第一,头脑里要存有一定量的材料,并且临场交际要善于选用恰当达意、言简意赅的词语来表达思想。第二,要抓住要点,使语言中心突出。第三,要思想清晰。说话前,对于自己要表达的思想要非常清楚,安排好结构,条理连贯,层次分明,同时注意平定情绪,保持情绪稳定。这是理清思路的一个重要条件。

2.生动形象

生动形象是语言魅力的基本要素。生动形象的语言把无形变成有形,把抽象变成具体,把枯燥变成生动,能够大大吸引听众的注意力。此外,它还是构成其他语言风格的基本手段。

语言生动形象需做到如下几点:第一,选用有色彩、有形象的词语。第二,运用各种修辞手法,如比喻、排比、拟人、夸张等。第三,要注意寓理于事。

3.幽默风趣

幽默是人的思想、学识、智慧和灵感的结晶。幽默风趣的语言风格是人的内在气质在语言表达中的外化,在公关交际中有很重要的作用。

第一,幽默能激起听众的愉悦感,使人轻松、愉快、爽心、抒情。这样可以活跃气氛,联络双方感情,在笑声中拉近双方的心理距离。第二,幽默的一个显著特点是寓庄于谐,通过笑的形式表现真理、智慧,于无足轻重中显现出深刻的意义,在笑声中给人以启迪和教育,产生意味深长的美感趣味。第三,幽默风趣还可使矛盾双方从尴尬的困境中解脱出来,使剑拔弩张的气氛得以缓和平息。第四,幽默风趣还有利于塑造交际中的自我形象,因为幽默的风度是良好性格特征的外露。

4. 委婉含蓄

委婉含蓄是指人在讲话或写文章时故意用委曲婉转的语言,把本意暗示出来,使之意在言外,让人思而得之。委婉含蓄是人际交往的缓冲术,在自我表露时,可绕过一些难于直言的内容;在拒绝对方的要求、表达,不同意对方的意见或批评对方时,可以维护对方的自尊。这一语言风格在交际中的作用是很大的。

(四)具备基本的管理能力

管理是人类各种活动中最重要的活动之一。在我们这个社会上,有些目标是个人的力量无法去实现的,必须依靠群体的力量,管理工作正是协调个人努力必不可少的因素。因此,组织管理能力是一个人适应未来社会所需综合素质的重要组成部分。

1. 管理的性质与目的

管理就是设计和保持一种良好的环境,使人在群体里高效率地完成既定目标。如果将这一定义展开来理解,主要包含以下几层意思:

第一,每个人在实施管理的过程中,都要执行管理的五种职能,即计划、组织、人事、领导和控制。

第二,管理适用于任何一级组织。现代管理思想认为,管理是一切组织的根本,它适用于各种大小组织、营利的和非营利的企事业以及服务性行业。管理的科学与艺术决定着一个组织的生存与发展。

第三,管理适用于各级组织的每一位工作人员。可以这样说,每一个人既是管理的被动对象,又是管理的主要策划人。一个组织贵在充分调动每一位职员的管理积极性,从而达到优化组合。

第四,对于企业来讲,管理的主要目的很简单,就是谋求利润。但是,利润实际上仅仅是一种尺度。从真正意义上来说,各类组织,不论是企业还是非企业,所有工作人员实施管理的主要目的,应该是创造盈余——创造一种环境,使人们在这个环境里,投入最少的时间、资金、原材料和个人的辛劳,完成集体的目标;或者说,他们在这个环境里,使用现有的资源完成预期的目标越多越好。

第五,管理作为一门科学和艺术,关系到一个组织的效益(经济效益与社会效益)与工作效率。

2. 管理的职能(要素)

(1)计划

编制计划包括选择任务、目标和完成计划的行动。编制计划需要做出决策,也就是说要在各种方案里,选择将来的行动路线。计划分为很多类型,大到总体目标规划,小到琐碎的每一天的行动计划。

计划是以我们现在所处位置到达预期目标之间架起的一座桥梁。因此,计划的突出特点不仅仅是指引进新事物,也指那些行之有效的措施。有了计划就能将不能成为现实的事物变为现实。

为完成任务创造条件时,最重要的因素是使每一个人了解到目前面临的目标和应完成的任务,以及为完成目标和任务所应遵循的指导原则。换句话说,一个组织如果想使集体的努力有成效,必须让每一位成员了解到他们在一个时期内完成的工作任务是什么。

(2)组织

人们在集体里为实现某种目标而一起工作时必须担任角色,正像演员在戏剧里扮演角色一样,不论这些角色是由他们自己创造的还是偶尔扮演的,还是为了去达到集体目标、要某些人做出具体贡献而指定他们扮演的特定角色。"角色"这个概念的意思,是指人们做一项工作应有明确的目标或目的。只有让工作人员明确自己的工作任务是构成集体工作的一个怎样的组成部分,才有可能给他们必要的权利、手段和信息去完成任务。

因此,组织工作是管理工作中的一部分,这部分就是让每个人去担任他适合的角色。所谓精心策划,就是把为了完成任务而必须做的一切工作都分配给具体的人,同时也希望这些任务能指派给最能胜任的人。

组织结构的宗旨是为了创造一种促使人们完成任务的环境。它是一种管理手段。虽然结构不一定要规定必须完成的任务,但是,由此而分配的角色,必须根据现有人员的才能和积极性进行拟定。拟定一个有效的组织结构并不是一件轻而易举的事情。要使该结构适应各种情况、应付许多难题,不仅要确定必须完成的工作,而且还要物色合适的人选。

(3)指挥

管理中的指挥工作起到了承上启下的作用,具有艺术性。它要求指挥人员必须谙熟整个管理的各个流程,同时也是计划制订的参与者,并且还应该具备镇定、灵活、果断的风格。指挥的作用在于能够使有限的资源(包括人力、物力等)发挥出最大的效能,从而有条不紊地完成既定的计划。

(4)领导(协调)

领导工作指对工作人员施加影响,使他们对组织和集体的目标做出贡献。这主要涉及管理工作的群众关系方面。由于接受领导意味着服从,而大家往往愿意跟随那些能满足大家需要、愿望和要求的领导人,所以领导要有好的作风和方法,要与群众交流思想。

(5)控制

控制工作是衡量和纠正下属人员的各种活动,从而保证事态的发展符合计划要求。控制工作按照目标和计划评定工作人员的业绩,采取措施加以改正,从而确保计划的完成。计划指导员工使用各种资源,完成具体目标,然后由控制环节进行检查,以确定是否与计划吻合。

一般来讲,控制活动与衡量工作成绩有关,利用有关手段来衡量和显示计划是不是顺利地实施。

3. 管理者必备的才能

有效管理的实施,需要管理工作者具备从技术到设计的各种才能。这些才能的相对重要性根据组织的层次有所不同。

(1)技术才能

大学生的知识结构要合理、全面,既要有广博扎实的文化基础知识,又要有精湛深厚的专业知识;不但要掌握必备的辅助知识,又要学会一些日常应用技术知识。现代化的管理要求管理者既是通才,又是专才。

(2)与人合作的才能

社会发展有两个根本动力,一是合作,二是竞争。因此,现代科学技术的迅猛发展及学科细分化与细分后的重新综合化就要求每一位社会成员具备与他人共同工作的才能,这是一种合作的力量。它开创一种宽松的环境,使人们感到放心,并可自由表达意见。

(3)概念才能

概念才能是一种能看到"大局",认识某种情况下的关键要素,并懂得各要素之间关系的能力。

(4)设计才能

设计才能指采取对组织有利的方法解决问题的能力。要成为一个较高层次的有效管理者,必须不仅仅能看出问题,还必须具有作为一个优秀设计工程师的能力,能找出实事求是地解决问题的办法。如果管理者仅能看到问题,只是一个"问题观察家",那就不是称职的管理者。管理者必须具有可贵的才能,可以根据他们面临的现实设计出一个可行的解决问题的办法。

4. 管理者所必需的个人特点

有效的管理者除了应具备多种不同的才能外,具有几种个人特点也很重要。

(1)有管理的愿望

成功的管理者有从事管理、影响他人以及通过与下级的共同努力取得成就的强烈愿望。实现管理的愿望要奋斗,要付出时间和精力。

(2)与人交往的才能及感情交流

管理者的另外一个重要特点,是要有能通过书面报告、信件、谈话和讨论的与人交往的能力。交往要求有明朗的态度,更重要的是要会交流感情,要有理解别人感情的能力,并能应付交往中经常出现的意外情况;要做到有效地在组织内交往,也就是与同一单位的人进行交流,同时还要善于同组织以外的人交往。

(3)正直和直率

管理者必须道德高尚、值得信赖。管理者的正直包括在钱财方面和他人交往中要诚实,努力使领导了解本人的情况,坚持做到完全真实,坚信品质的力量,举止行为符合道德标准。

总之,具备较强的应用创造能力、表达能力、交往能力和管理能力是时代和社会对大学生素质提出的要求。大学生要在大学的学习和生活中通过各种途径和方法积极培养以上能力,努力把自己培养成适应性强、具有开拓创新精神的高素质人才,在未来社会的科技、经济竞争中立于不败之地。

第九章　素质教育视域下大学生体育教学课程的改革

第一节　对高校体育课程设置的探讨

高校教育需要培养高素养的人才,要促进学生的全面发展,必须要重视体育教育。高校体育教育要面向全体学生,积极发展学生的终身体育意识,促进学生健康完善地发展,为社会发展培养出更多德、智、体、美、劳全面发展的优秀高素养人才。高校要重视体育教育,发挥高校体育的功能,提升学生锻炼身体的技能,培养学生的体育运动意识。高校应积极对高校体育课程设置进行改革创新,为学生提供优质的体育课程,促进学生全面素养的提升。针对高校体育课程设置的改革策略包括以下几部分。

一、以培养学生的终身体育意识为指导思想进行体育课程设置改革

高校体育课程设置必须进行改革,为学生终身体育意识的培养做好引导,为学生终身体育的锻炼打下基础。高校体育教学要积极追求一种目标,引导学生进行自我体育锻炼,实现学生对体育自主学习、自主训练。而要想培养学生终身体育锻炼的意识,必须要培养学生自我进行体育锻炼的能力,激发学生自我参与体育锻炼的兴趣。对于大学生而言,他们的思想认识水平已经相当高了,他们自我发展意识也在不断增强。大学生已经能够认识到健康的重要性,能够认识到体育锻炼对自己未来工作学习生活的重要性。在这个时期,高校就需要不断强化学生的体育锻炼意识,在课程设置中,应该以终身体育为指导思想,进行体育内容的安排设计,有意识地安排一些使学生终身受用的体育锻炼项目。比如,丰富体育课程内容,引导学生学习一些实用性强的太极拳,或者使学生学习一些自己感兴趣的健美操等,引导学生掌握这些体育活动的技能。这些体育项目,学生在校期间可以练习,在未来的生活中也很实用,对于激发学生的体育锻炼积极性,促进学生终身体育意识的培养具有积极的作用。

二、丰富高校体育课程内容

高校体育课程设置改革,就要不断丰富课程内容,以激发学生体育参与的积极性,为学生提供丰富的体育素材。丰富课程内容是体育课程设置改革的重要内容。丰富课程内容应

该从学生的知识结构、认知能力出发,结合学生身心发展的特点,选择与学生心理素养和身体素养相匹配的教学内容。比如,现在高校体育课程中主要是以技能知识的传播为主,因此,可以把一些关于健身知识、保健知识的传播方面的知识补充到体育课程中去。现在的大学生智力发展到了一定的水平,他们的认识思维能力相对较强,渴求一些新的知识,一些对自己有用的技能。他们喜欢看体育电视节目,喜欢听一些体育新闻,喜欢新生事物,因此,体育课程内容必须要保持丰富、新颖。大学生追求健康,他们渴望掌握科学的体育锻炼方式,渴望掌握如何在运动中避免受伤的技巧,因此,在进行体育课程设置中,就需要围绕学生需要丰富相关内容,做到因材施教,根据学生的不同兴趣和爱好,充实课程内容。要能够将一些备受学生喜爱的现代体育运动项目,比如网球运动、健美操、体育舞蹈、足球等引入到体育课程中去,体现出高校体育教学的不同层次和水平,使学生能够根据自己的需要选择学习项目进行体育学习,这对于激发学生的体育锻炼兴趣,提高学生体育锻炼热情具有积极的作用。

三、高校体育课程设置要选择实用性强而先进的教材

现在高校体育教学存在着教材选择陈旧的问题,对此,体育课程设置的改革就需要积极解决这个问题,选择科学的、实用性强的、先进的教材,为学生提供有效的学习资源。在体育教材的选择上,要积极地选用新近出版的教材,并立足于学生的需求,选择一些与学生兴趣爱好相近的教材。高校也可以根据学生的情况,根据学生的兴趣爱好,编订出适合自己学生体育发展的校本教材,积极通过教材改革,激发学生对体育学习锻炼的兴趣。此外,还应选择能够体现大学生这个特殊群体特色的教材,根据学生的需要多选择一些涵盖体育欣赏、体育保健等方面知识内容的教材,通过教材创新,增加学生的体育锻炼热情。

四、保证体育课程设置的连续性

想要有效发展学生的体育技能,促进学生体育兴趣的培养,就必须要保障体育课程设置的连续性。在课程设置改革中,要保障课程设置的连续性。高校要认识到体育学习、体育锻炼是学生一辈子的事情,高校有义务引导学生的体育习惯,有义务培养学生科学地进行体育锻炼的技能,要能够通过体育课程改革,保障课程设置的连续性,为学生进行有效的体育学习打下基础。

五、选择趣味性和休闲性较强的教学内容

对于大学生而言,他们对新鲜事物很感兴趣,高校体育课程在内容设置方面就要立足于学生的生理和心理需要,选择一些趣味性和休闲性强的教学内容,改革课程内容。例如,在体育课程中可以增加一些体育类的游戏内容,也可以增加一些富有挑战性的运动项目,比如

中国传统的武术项目，可以增强体育课程内容的趣味性。进行体育课程改革，还可以设置一些休闲性强的体育课程，通过休闲性的体育项目内容陶冶学生的情操，使学生积极地参与到体育锻炼中去，以实现学生身体素养的有效提升。

六、立足于学生的实际进行体育课程体系设置

高校体育课程体系设置要立足于学生的实际，从学生的现实需要出发，充分析学生的个性特征，依据学生的身体发展水平进行改革设置。这样的课程设置才能更加科学，更为合理。在课程项目选择方面，要能够把较为流行的课程设置到体育课程体系中去，要把一些时尚流行的体育项目纳入课程体系中去，比如把目前流行的定向运动、瑜伽项目及素质拓展项目纳入课程体系中去。课程设置要以健身为目标，突出娱乐性，比如把乒乓球运动项目、网球运动项目、体育舞蹈等学生喜欢的运动项目纳入课程体系中去。这些项目不需要很大的运动量，就可以达到体育锻炼身体的目标，这种大众化的运动项目更能使学生积极地参与进来。所以，在课程设置中，应该把这些内容引入到课程体系中去。只有立足于学生的实际需要进行课程体系建设，才能促进体育教学的有效发展。

七、构建多元化的体育课程结构体系

高校体育课程结构设置要能够依据高校体育的教学目标，尽量做到设置科学实用，实现多元化的课程结构体系设置。一般而言，高校体育课程结构包括体育必修课、体育选修课、体育保健课程、体育理论课程及课外体育运动课程等。通过丰富多样的课程结构设置，可以满足学生对体育运动的需要，这样的课程结构设置能够使学生掌握基本的体育知识与体育技能，培养学生的基本体育锻炼方式，同时又能充分考虑学生的个性需要，为学生提供个性化的体育运动项目，满足学生体育选择练习的需要。只有构建多元化的体育课程结构体系，极大地丰富体育教学内容，才能不断提高学生体育锻炼的兴趣，促进学生体育运动习惯的养成，极大地提高学生的思想品质、心理素质和适应社会的能力，促进学生综合素养的发展。

第二节 高校体育课程改革的实践与走向

当前阶段的高校体育课程设置呈现出多样性的特征，课程项目的设置也让学生体验到了更多的体育趣味性。因此，新时期必须做好高校体育课程教学的改革工作，以下对此进行阐述分析。

一、高校体育课程改革的时代要求

当前我国已经步入全球化发展的行列中，对人才的需求日益提升，对教育质量也提出了

更高的要求。为了能够适应未来的发展需求,必须做好高等教育工作,对其进行改革与实践。体育学科需要按照自身的特点进行教学,这就需要教师改革创新教育教学理念,改革教育教学方法,让高校体育课程符合社会的需要,满足学生的需要,做好学生人格培养工作和强身健体训练,并且最终让学生成为综合发展的人才。新时期为了做好人才储备工作,必须要着眼于学生的身体技能、身体素质、体育文化、体育精神以及终身体育思想和自我锻炼习惯等,让学生的锻炼习惯可以在逐步学习中展现出来。在高校体育课程改革的进程中,每一所高校都应该争取起到榜样示范带头作用,促进改革目标的实现。

二、高校体育课程教学改革的实践与走向

(一)高校体育课程教学改革的实践分析

首先,应合理科学地设置高校体育课程。高校体育课程的设置要考虑多个方面的问题,还需要按照大学生的运动能力、运动兴趣和运动水平合理地设置体育学科,实施分层次体育教学。例如,基础课程和选修课程双管齐下,基础课程可以让学生具备基本的体育训练技能,选修课程可以不断地强化大学生的体育意识,还可以做兴趣爱好的输出,给学生的兴趣爱好释放机会,如有些学生喜欢篮球、足球、游泳、健美操等。因此,按照学生的兴趣爱好开展选修课程可以更好地实现学生个性化的成长。体育选修课程的选择可以帮助学生提升体育训练的自信心,增强自主学习的能力,也让大学生重新审视体育学科,使体育学科发挥其作用,从而更能够追赶时代的教育潮流。

其次,教师应丰富体育授课的内容。体育授课内容在很大程度上决定了体育教学的效果和质量,教师在教学时需要将体育学科和学生的现代化生活更好地结合在一起,学生对身体健康重视才可以更好地增强体育锻炼的有效性。内容上教师要从技能训练、健康训练、精神训练入手,让学生学会如何健康地饮食,健康地生活,养成良好的生活习惯。体育课程教学中可以试试学生自主选项学习,如篮球项目、长拳项目等。不同的项目给学生带去的感受不同,在这里教师可以按照单元项目给学生做好体育编排工作,合理使用身边的资源,充分发挥出体育学科资源的优势。

最后,应关注大学生的个性化发展。体育学科教学是以学生为主的一种教学方法,因此更为重视学生的个性发展,让学生成为新时期体育教学的主人。体育授课将知识和技能以及情感集合在一起,激发学生对体育学科的学习欲望,让学生真正地喜欢上体育。高校体育教学改革过程中,大学生的体育精神培养是不可或缺的,教师可以带领学生观看各种比赛,还可以组织学生进行户外体育运动,改变学生单纯的体育认知。将体育教学加入体育活动的实践当中,才能让学生真正地感悟体育精神,也才能让教师更好地取得体育教学的成功。

(二)高校体育学科教学改革的方向

首先,体育教育思想的方向转变。大学生的体育健康情况一直受到社会的关注,青少年

的身体健康情况是社会建设的主要组成部分。所以在高校这个平台上,体育教学一定要进行改革,让学生的身体健康处于重要的地位,不断地强化学生的体质培训。因此,在改革的方向上必须树立起新的思想,让学生逐步养成良好的运动习惯。对此,教师可以精心地设计课程,让电子体育竞技和传统体育竞技相结合,真正地实现脑力活动和体力活动共同运用,为学生主体服务。

其次,体育教学模式的创新。体育教学模式的创新是体育教学过程中的关键一步,因此教师必须要创新教学理念,创新教学方式,激发学生的主体性和积极性,还需要不断地强化学生的思想,让学生身体力行。教师拓展体育教学,可以将信息技术和体育学科融合在一起,做好团体教学设计,这样才能改变学生对传统体育的认知。

综上所述,高校体育课程教学的改革可以将阳光体育和健康体育融入学科之中,创新学科设置,让内容更加丰富,教师的教学方法也得到了创新,因此自然可以提升教学质量。

第三节 新课程教学理念下高校体育教学课程的优化

随着中国教育改革的逐步展开、施行,培养高校学生的综合素质成为越来越需要大家关注的问题。高校学生不仅要发展自身的专业知识,还要提高自身的体育素质,促进其综合素质的发展。高校教师要始终跟随时代的步伐,改变原来的教学理念和教学方式,为国家培养出全面人才,更好地服务于社会。

一、新课程教学理念下高校体育课程优化的意义

新课程改革的不断深入使得它所体现的学习理念、学习方式、人生观、价值观等都发生了变化,这就需要教师改变以往的传统教学方式,去开拓新的符合当代社会发展趋势的教学方式。高校教师需要以课程标准为教学目标,加强学科的综合性,合理设置综合课程,增加综合实践活动。通过合理的课程设置,可以增强学生的体质,树立健康体育运动意识,帮助学生养成强身健体的好习惯,促进全面综合素质发展。

二、新课程教学理念下高校体育课程优化的相应对策

(一)重视体育教学资源的投入与合理利用

体育教学活动的顺利开展需要优质的教学资源作为依靠,高校需要大力投入体育教学资源并进行合理分配、利用。首先,高校有必要加大资金投入,完善体育设施建设,为学生提供更丰富的体育设备,更完善的体育运动场所,如增设篮球场、排球场、羽毛球场等,提高学生锻炼的积极性。其次,高校要加强对体育设备的定期检查与相应的维修。此外高校还要加强对信息技术的运用,将多媒体和体育教学课堂联系起来,丰富体育课的内容。

(二)改变高校体育教学理念与教学模式

教学理念与模式的创新应该成为目前高校教师所重视的一点,如何让学生爱上体育课,如何让学生提高对体育知识的认识,如何培养学生的身体素质等,这都是高校教师需要关注的问题。在新课程教学理念下,教师要尊重学生个性的发展,重视健康体育教育。教师可以根据教学内容合理设置教学模式,让全体学生都参与到教学活动中来,以学生为课堂主体展开一系列适合学生健康体育发展的活动。

(三)加大高校体育的实践教学活动

高校应该认识到学生的身体锻炼不应该只表现在体育课程上,还应该养成每日运动、终生运动的好习惯。针对刚步入高校的大学生运动量少的情况,一些高校开始使用软件来监督学生的每日跑步,并成为体育课的部分成绩,这一举措让众多学生爱上了跑步,并提高了自身体育素质。

综上所述,新课程教学理念的逐渐深入,让高校意识到了体育教学的重要性。因此,高校应重视教学资源的投入与利用,改变体育教学理念模式,提高体育教师的综合素质,加大体育的实践教学活动。

第四节 构建高校体育理论课程教学体系的研究

21世纪初,我国针对高校体育教学专门颁布了《全国普通高等学校体育课程教学指导纲要》,这个文件的颁布具有划时代的意义。它不仅针对体育教学内容、体育教学目的、体育课程设定作出了科学的规定,也在体育教学方法探索、教学教材选择、教学资源开发方面给了高校很大的自主权。

一、高校体育理论课教学体系构建的依据

(一)从《全国普通高等学校体育课程教学指导纲要》规定的教学目标产生的依据

21世纪初颁布的《全国普通高等学校体育课程教学指导纲要》有一个显著的特色,那就是它将课程目标一分为二,按照阶段来予以划分。低年级的学生主要按照基本目标来展开教学,高年级的学生则主要按照发展目标进行体育学习,需要注意的是包括研究生在内的所有学生都要遵循发展目标。这两大体系优势互补、互相推进,都是新世纪目标体系中的重要组成部分。同时,《全国普通高等学校体育课程教学指导纲要》还对这两个体系中的每一个具体目标进行了剖析,这不仅是对课程目标设定的进一步探索,还具有很强的实践意义。这一目标充分彰显了体育理论教学的基本内容、发展方向等方面的优势,所以,在进行体育理论教学有关方面的研究时,必须严格按照《全国普通高等学校体育课程教学指导纲要》的具体要求来展开。

（二）从《全国普通高等学校体育课程教学指导纲要》规定的教学内容、课时数产生的依据

《全国普通高等学校体育课程教学指导纲要》明确针对理论课与实践课所占的比例进行了划分，按照要求，体育课程中理论课的比例不得低于总课时的10%。假如一个普通高校的学生在大学两年的总课时是14课，那么按照比例计算不得少于16课时。从过去的实践经验来看，高校体育理论教学的重点都集中在技巧传递和技能掌握方面。基于此，要对此予以高效应对就必须广泛地借鉴其他国家在相关问题上的研究成果，结合我国的实际予以变革。这既符合《全国普通高等学校体育课程教学指导纲要》规划的总目标，也充分体现了"终身教育"的理念，对大学生的身心发展具有极其重要的意义。

二、高校体育理论课教学体系的构建

要想促进学生对于体育基础内容的掌握，推动体育品德的养成，最重要的一个步骤就是推动体育理论教学体系的不断完善。将基本知识传达给学生，促进他们培养良好的体育素养，坚持科学的生活方式，养成规律的生活习惯，这能使学生终身受益。只有将这些理念真正地灌输给学生，学生才能重视自身的健康，看到体育带给自身的切实利益，逐步养成健康的体育观念，推进自我素养的提升，以自觉的态度进行体育健身。由此可见，体育理论课具有无可替代的重要意义，其重要性丝毫不亚于实践课程。

体育理论课程模式的探索应该在科学的指导下实现，这一指导思想应当充分考虑到学生的生理和心理特征，要能产生促进学生真正认识理论课程重要性的意义，进而寻求适合自己的运动方式。大学生在生理与心理方面都处于一个过渡的阶段，所以体育理论课要凸显阶段性特色，按照科学的步骤展开。其一是从比赛胜负的视角切入，对学生的体育兴趣予以挖掘；其二是促进体育行为通过锻炼处方的刺激而产生；其三是在身体体能评价的基础上，探索科学化的体育教学模式。

三、高校体育理论教学体系教育阶段的理论分析

（一）从体育竞赛欣赏切入产生的理论基础

大一学年的第一学期是体育教学的第一阶段，学时为四，主要的教学内容是引导学生欣赏竞赛。其中心目标就是按照美学的基本要求，通过观看竞赛中竞技者的表现，体会运动与人体的魅力。当然，也可以通过视频播放、观看体育节目、聆听极具感染力的音乐，加之教师全方位的讲解，让学生体会到真正的美。这样一来，学生会不由自主地进行美的选择，学生的个性自然就能被激发出来。所谓美的教学，就是要在符合学生身心发展特点的基础上，培养他们选择自己所需的能力，体育理论教学的目标亦是如此。这一时期充分体现了大学生的个性化心理特色。

(二)从竞赛胜负判定奠定理论的学习兴趣

大一学年的第二学期是体育教学的第二阶段,学时为四,教学的主要内容是判断比赛的胜负。其中心目标就是在了解竞赛基本内容的基础上掌握不同项目所体现出的特色,然后予以评分。感受裁判员在紧张激烈的竞赛程序中是怎样捕捉每一个转瞬即逝的时刻,然后予以迅速应对的。这一阶段的教学目的是让学生获得科学的判断胜负的方式。除了理论传递之外,比赛胜负的判定也是教师需要教的一个重要内容。此外,还要让学生对裁判工作有所了解,激发他们的学习欲望,提升裁判的判断素养。

(三)制订体育锻炼运动处方养成锻炼习惯

大二一整个学年是体育教学的第三阶段,学时为八。其中心目标就是完成运动处方的教学。核心就是在终身教育观念的引导下,对于与健身有关的内容进行深入的了解,对运动形式有更准确的把握。借助于色彩、音乐、图像等对人的感官产生的刺激作用,激起学生感受美的欲望,将美看作是一种情感体验,进而正确认识健身运动处方的目标对象是广大普通人,这也是保证其健康的一种重要策略。还要让学生意识到,健身运动处方涵盖面甚广,囊括健身类型、健身强度、健身时长、平均频率、最高完成数量、时间间隔和特殊事项等。其总体设定遵循的是以人为本的理念,将促进人的健康发展放在体育教学的关键位置。就理论的视角而言,它提升了学生的体育参与度,也让他们更积极地接触体育理论,从而使实践能力得到了提升。

第五节 基于核心素养视角下的高校体育课程改革研究

一、核心素养的相关理论概述

(一)核心素养的定义

核心素养这一理论的起源可以追溯到20世纪80年代,并且由欧洲国家率先提出后传入我国。通常我们目前所说的核心素养指的是学生在技能、知识、情感、态度、价值观等多个方面综合能力的体现,与传统的一些理论相比,它更多的关注于学生获得知识的能力、终身学习和发展的能力、适应社会发展所必须具备的能力等。简单地说,核心素养可以看作是学生的全面发展,强调培养出适应社会需要的学生。

(二)核心素养在体育学科中的特征

与其他的学科不同,核心素养这一理论在体育学科中有着明显的特征,对这些特征有所了解将会有助于教师更好地开展高校体育课程改革。因此,核心素养在体育学科中的特征概述如下:

其一,运动与认知方面。核心素养在体育学科中的特征首先体现在运动能力与运动认知方面。运动能力是指学生在进行体育活动的过程中,能够在神经系统的调节下,动用到身体不同的肌肉群,体现肌肉群的协调性从而完成某些特定的动作。运动认知能力则是对理论、技能、评价等的行为能力,体现了学生的思维能力和感知能力等。

其二,行为与知识方面。行为方面是指学生的健康行为,包括生理及心理两个方面。在开展体育运动前能够对其产生认识,在完成体育运动之后则能够选择适宜的放松方式,都是一种健康运动行为的体现。

其三,情感与品德方面。形成体育情感的主要目的在于调动学生的积极性,将学生参与运动的兴趣激发出来,情感方面能够展现出学生对于体育学科的态度和兴趣程度。而体育品德则包括尊重对手、坚韧不拔、学会合作等方面。

二、核心素养对于高校体育课程改革的重要性

(一)使个人需求与社会需求相互融合

步入高校阶段,学生们大多已经成年,有了自己的思维能力和个人需求,一方面是觉醒的自我意识、个人需求,另一方面是社会发展对大学生提出的需求,如何在两者之间寻求平衡点更好地实现自身发展,就成了令许多大学生困惑的问题。而核心素养理论背景下,在培养促使学生形成稳定的核心素养过程中,既能够充分考虑到学生的个人需求,也能够最终实现社会对学生们的需求,达到一种相互融合、互利共赢的状态。从宏观层面上来看,核心素养视角下学生的个人需求与社会需求的本质是一样的,只是体现的形式略有区别。

(二)为高校体育课程改革提供了理论指导

在充分了解核心素养这一理论体系的基础上,高校体育课程改革能够充分借鉴其思想对课改进行全方位的指导,更好地完成课改实践工作。毫不夸张地说,核心素养是高校体育学科素养的目标指向,而学科素养则是核心素养理论的具体化展现。

(三)顺应了时代的发展和进步

注重培养学生的核心素养,一方面能够让学生形成自主运动的行为习惯,对其身体素质的提升有着明显的益处;另一方面还能在学生运动的过程中锻炼他们的心理素质,完成心理调节工作。不仅仅是在校期间,当学生们毕业之后走入社会,面对错综复杂的社会环境时也能够从中获得自我调节的能力,养成终身锻炼的习惯,因此,顺应了时代发展及进步。

综上所述,核心素养理论对于高校体育课程的改革具有重要意义。

三、核心素养视角下开展高校体育课程改革的建议

针对当前高校体育课程改革的实际情况,提出以下几点建议。

(一)提升教师素养,更新教学观念

在高校体育课程教学改革的进程中,教师是实施和推进改革的第一人,要求教师主动更

新教学观念,提高自我素养,才能够教授给学生正确的理论和实践方法。因此,高校体育教师应当努力提升自我素养,积极更新教学观念,充分学习相关的理论知识,将其更好地应用于实际教学当中。

首先,高校的领导应当对高校体育课程改革工作加以重视,采取多种方式积极推进改革,对于在改革的过程中确实需要用到的人力、物力予以大力支持。例如,可以通过全校范围内文件下发、动员大会等形式对高校体育课程改革加以推进,可以为高校体育课程改革配备专项资金,为参与体育课程改革工作的教师安排和制订合理科学的工作量,这些都是行之有效的高校体育课程改革方法。

其次,高校体育教师自身也要在平时的教学过程中、课后业余时间充实自我,给自己充电,通过互联网、图书馆等多种渠道了解核心素养等新型的教学理论,做到与时俱进,终生学习。

(二)改革教学方法,关注学生各方面能力的培养

无论是核心素养视角下的高校体育课程改革,还是其他教学理论下的高校体育课程改革,课改的受众都是大学生们。因此,应当关注他们的兴趣点,对教学的方式方法进行有意识地改变,以吸引学生们的学习兴趣,达到培养各方面能力的目标。尤其是在高校体育课程教材比较枯燥的前提下,教师更应该树立年轻的心态,多深入学生当中去了解他们更加倾向于以何种方式开展体育教学活动,对哪些方式下的体育授课更感兴趣,更容易接受。

在开展这些课程改革活动的过程中,教师应当充分注重对学生运动认知能力、健康行为能力等方面的训练及培养,其中学生运动认知能力的培养包括学生对运动的认识、学生的运动能力、学生的运动习惯三个方面。

通过教师的教学培养,学生应当能够更加喜欢参与体育活动,培养出某一种或者某一些体育爱好项目。另外,在思想方面教师还应该让学生树立正确的体育观念、对体育有健康积极的态度,掌握一些科学的运动方法和技巧,初步形成良好的运动习惯,从而体现对学生核心素养的培养。另外,学生的健康行为知识也是高校体育课程改革核心素养视角下一个重要的方面。教师应当在教学过程中有意识地对学生进行训练,让他们对体育健康知识、体育健康行为等有所了解,比如在运动前、运动后需要注意的事情等。

(三)理论联系实际,重视体育教学的德育功能

核心素养是一种教学理论,在使用过程中应当充分将理论与实际相互结合起来,并且体现体育教学的德育功能。要想将理论与实际相结合,除了精选教材、关注学生的兴趣点之外,还应当结合一些趣味性的体育活动,既锻炼了学生的身体,又培养了学生们团结合作的品德。一方面,教师应当鼓励学生们积极参与各项体育实践活动;另一方面教师还应当尽可能多的给予学生选择的空间,让更多的学生参与到体育实践活动中来,并享受到体育带来的乐趣。

总而言之，无论是高校教师还是学生，都是高校体育课程改革的实践者与参与者。行之有效的高校体育课程改革策略不仅能够培养出大学生的核心素养，而且还能够为社会输送更多的高素质人才。因此，作为一名高校体育教师，在实践教学的过程中应当更加仔细观察、积极总结、不断反思，争取为高校体育课程改革做出贡献。

第六节 体育学科的目标教学与课程的创新设计

一、目标教学的概念与特点

（一）目标教学的含义

目标教学是以教学单元为控制教学过程的基本单位，以教学目标为中心来组织教学活动，以异步教学为教学活动的基本组织形式，以可控变量作为优化教学活动的着力点，以教学评价保证教学活动有效运行的教育教学新体系。

（二）目标教学的特点

目标教学强调"目标意识、情感意识、参与意识、反馈矫正意识、学法意识"为其教学特点。

（三）目标教学的导向

通过目标教学实现三个根本转变：课堂教学由教师中心向学生中心转变；由知识中心向能力中心转变；由为掌握而学向为发展而学转变。

二、对目标教学基本课堂教学结构的认识

（一）要素结构

目标教学的课堂教学要素包括三部分：教师、学生、认知信息。

（二）行为结构

目标教学的课堂教学，围绕每一个明确具体的教学目标，重点调控影响教学效果的三个变量（认知前提、情感特性和教学质量），充分运用检测——反馈手段，采用群体教学与个别教学相结合的形式，构建了课堂教学的行为结构。

（三）程序结构

目标教学大致包括四个环节的程序结构：前提测评——认定（展示）目标——达标导学（实施目标）——达标测评。

三、关于目标教学的功能

（一）导向功能

它是教师选择教学具体内容，运用教学方法、教学策略、教学媒体及调控教学环境的基

本依据。

(二)激励功能

目标教学是激发学生探索欲望,引起学习兴趣,进而转化为积极参与教学活动的动力,实现由不知到知,由不能到能的矛盾转化。

(三)调控功能

课时教学目标制约着教师"教"的行为,也制约着学生"学"的行为,对课堂教学的设计和实施起着调控作用。

(四)评价功能

教学目标把教学大纲具体化、教学内容明晰化、能力要求层次化。科学的教学目标,有利于学生素质的全面和谐发展,有利于充分发挥学科的素质教育功能,有利于体育教学质量的全面提高。

四、实施目标教学的几点体会

第一,目标教学中,每个单元教材连续授课,这种形式从运动心理学的角度来看,对大脑感知学过的动作技能有相当大的帮助,更有利于运动表象的形成。

第二,教学目标是课堂教育教学的起点和归宿,因此,课时教学目标必须制订得准确、合理,一般应遵循以下几个基本原则:①科学性:教学目标要依据教学大纲和教材,遵从学生的认知规律和心理规律,把知识的获取和能力的培养有机结合起来。②具体性:教学目标要制定得具体、清晰,使学生目标明确,有的放矢。③层次性:课时教学目标应当是分层次的、递进的,使不同层次的学生"蹦一蹦"摸得到、"跳一跳"够得着,保护学生的学习积极性,发展学生的个性。④可测性:教学目标的编制要便于测试和评价,可操作性要强。

第三,使用教学目标需注意的问题:①教学大纲的总体教学目标、单元教学目标和课时教学目标是同一整体系统中的不同范畴和层次的要求,是一个统一的整体,教学中应把三者有机地结合起来,完成教学目标与任务。②体育教学中的知识、实践操作和思想品德教育目标是一个辩证统一的整体,是在同一教学过程中逐步达到的目标,是教学中有机的整体,应全面、同步、和谐地发展。

第四,教学过程中应重视反馈与调控手段的运用。我们的做法是:课前展示目标,使学生明确目标,激励学生达标;通过前提测评了解学生的基础,便于分层次教学;在达标导学过程中及时反馈和纠正,帮助学生达标测评后,应提出具体的改进措施和要求。以上各环节都是紧扣教学目标而完成的,通过教学中的多次反馈、矫正,来实现教学效果与教学目标的统一。

第五,以教学目标为主线,充分采用"启发式"和"讨论式"的教学方法,提高学生的参与意识,努力实现由教师中心向学生中心的转变。①在课堂教学过程中,教师应针对教学目标设疑激趣、设疑激思,鼓励学生讨论,变学生"被动学习"为"主动学习",变"要我练"为"我要练"。②注重学法指导。指导学生学会观察、分析动作技术,学会思考问题,引导学生多了解、掌握一些卫生保健常识、动作技术形成的规律、练习方法、易犯错误及纠正方法,从而提高学生的创新能力,为终身体育奠定基础。③变革教学手段,创新、运用教学媒体。简便实用的教学手段,丰富直观的教学媒体,有利于学生自我反馈和自我评价。④适时分层教学。因为学生间存在着个体的差异,所以在教学中应因材施教、因能施教,按学生的体能分组,针对不同学生采用不同的教学手段和学法措施。对学生有共同的基本要求,也有不同的因人而异的目标,课堂上"学生吃得多的多给,吃饱为止","吃得少的少给",保证学生"吃得饱"和"吃得了"。⑤采用以表扬为主的方法,及时认定学生的成绩,热爱学生、信任学生,让学生积极参与教学效果的评价。⑥注重师与生、生与生之间的情感交流,努力营造一个宽松、愉悦的学习氛围。

第六,体育目标教学应注重与其他学科知识的联系。

第七,目标教学要及时对学生进行思想品德教育和行为规范的培养。

五、设计新颖的体育课方案

"创新"不同于发明,并未改变事物的本质,只是对构成事物的基本因素进行一次新的组合,从而显现出新的特点和功能。

同一教材、同一年级,不同高校、不同任课教师可上出许多不同特点的体育课,就是因为构成课的基本因素可以被多种方式组合的结果。

(一)教学目的

体育学科的教育、教学功能是多元的,但具体而言,其教学目的必须恰当定位。"位"由教师而定,依据则是大纲、教材和学生教学目的的定位,犹如建房搭起架构,对课的具体化、形成特点起着提纲作用,对构成课的其他因素的调动、组合产生影响。例如"耐久跑"教材,由于教学目的的定位不同,课程就有不同的特点。

(二)作业条件

作业条件包括运动场地、设施、器材等,气象因素也不应忽视。不利的作业条件对其他因素会产生制约作用,如一些教学方法、手段难以运用,一些组织形式不能实现。体育教师还应重视"小环境"的设计和创造。例如:充分利用小场地,以实现容量大的教学;常自制代用器材,以弥补不足;常针对某特定条件赋予情景内涵,使作业条件产生超值效应,以取得更好的教学效果。

(三)教学方法和手段

通过什么媒介可以使由文字或图形反映的体育教材转化为学生生动的体育行为?这就是方法和手段,这是诸多教学因素中很具体又很活跃的部分。方法、手段已有许多前人积累,可借鉴,但运用时绝不可照搬,目的性、针对性是教法、教学手段选择的重要准则。例如"背越式跳高"教材,有的教师选择由低向上走的教法,而有的教师则选择由高逐渐下落的方法进行,如此大的反差却同样都可能成功。

(四)组织形式

课的组织形式应是不拘一格的,但应有利于教学过程。如能充分利用作业条件,将有利于教学方法和手段的运用,有利于调动学生的情绪,有利于群体和个体都得到表现,有利于课的整体效果。组织形式应针对不同的教材和学生的特点有所变化、有新创意,使学生在相应的氛围中感受到课的文化含义。

当上述因素分别以不同的形式组合在一起形成一种新的关系时,一节新的课例设计就算完成了。但这一课例在实施时能否取得最佳的效果,还要依靠于教师能力的进一步表现,例如行为、情感投入、应变能力、幽默、风趣等。

体育课创新设计的动机源于教师对教材和学生有更深入的认识,以及强烈的批判和创新意识;体育课创新设计能否有所突破,取决于教学目的定位的合理以及对相关因素变革和重组的成功;体育课创新的实施效果还有待于教师能力的更充分表现。

六、隐性体育课程及其教育设计

(一)隐性体育课程的概念

"隐性体育课程"是相对于"显性体育课程"而论的,即指高校范围内除显性体育课之外,按体育教育目的及其具体化的体育教育目标进行设计的校园体育文化要素的统称。其含义为:①隐性体育课程属于高校体育文化,是高校中除显性体育课程之外的所有体育文化要素。②隐性体育课程较偏向于非学术性,但它并不完全排除学术性的内容,例如课外体育活动、体育科普读物、体育宣传等,其内容明显具有学术性。③隐性体育课程必须是有目的的规范设计的。它作为体育课程的一部分,应有明确的目的指向性,其作用范围和施加影响必须按照一定的体育教育目的和培养目标进行规划设计,使之处于意图性和预期性的状态。只有这样,才能称为隐性体育课程。

(二)隐性体育课程的作用

合理有效地进行隐性体育课程的教育,对于贯彻素质教育,提高体育教育效果具有重要的作用。①通过实体性和非实体性的高校体育文化、高校体育精神给学生传授体育思想、体育价值观念,激发学生的体育学习动机,提高学生的体育学习积极性。②多渠道地给学生传授体育知识、技能,全面提高学生的体育素质和健康水平。③促进学生形成良好的体育锻炼习惯,建立健康的生活方式,为学生形成终身体育锻炼的行为奠定基础。④培养学生的心理品质,特别是培养学生的性格、气质、动机、爱好、情绪等非智力因素,促进学生人格的全面发展。

(三)隐性体育课程的教育设计

隐性体育课程要有效发挥其固有的功能,应在分析与掌握隐性体育课程的构成要素的基础上,按照一定的教育设计原则进行科学、合理的教育设计。

1.隐性体育课程的构成要素

隐性体育课程即校园体育文化的构成要素,主要应包括如下内容:

第一,按照体育教育目的及其具体化的体育教学目标选择的不指向体育学科内容的实体性体育精神文化,包括高校图书馆的体育类图书、报纸、期刊,以及由社会传入高校,经教师指导、选择的体育图书、报纸、期刊等。

第二,按照体育的教育目的及其具体化的体育教育目标创造的非实体性的体育精神文化。一是体育制度文化,主要包括高校的有关体育规章制度、体育管理体制、教师的体育道德规范、师生的体育活动行为要求等;二是非制度体育文化,包括高校领导对体育教育、体育活动的认识和重视程度,对体育教育的工作方式和工作作风,教职员工的体育意识、体育价值观念、体育锻炼行为方式,以及体育活动的风气与习惯等。

第三,按照体育教育目的及其具体化的体育教育目标建设的高校体育物质环境构成的体育物质文化。校园体育物质文化包括高校体育场馆建筑、布局,高校体育的设备条件,体育雕塑、体育宣传标语、条幅,师生的体育运动服装等。在隐性体育课程的构成体系中,校园体育的物质文化和实体性体育精神文化都是有形的,而非实体性的体育精神文化是无形的,隐性体育课程的结构就是有形和无形的多种体育文化要素的有机结合。隐性体育课程的三大要素之间相互渗透、相互影响、相互促进,形成结构复杂的体系。

2.隐性体育课程的设计原则

①一体化原则:设计时,必须考虑高校、社会和家庭三种环境对学生的多种影响,把多项因素统一起来进行一体化设计。②协调优化原则:构成隐性体育课程的因素是复杂多样的,在设计时应将各种因素合理组织安排,使之协调一致,处于优化的状态。③增强特性原则:为了更好地形成特定的高校体育氛围来对学生施加影响,以达到预期的目的,应有意通过增强或突出隐性体育课程中的某些特性,因人、因事、因地、因时做出安排与调整。④适应性原则:应充分考虑不同年龄阶段学生的身心发展特点和需要,融娱乐性、思想性和知识性为一体,促进学生的身心全面发展。⑤控制转化原则:设计时,应对各种外来的体育信息进行有效的控制和正确的引导,消除不利因素,强化积极有利的因素。⑥因校制宜原则:设计时,应根据高校的客观条件,因校制宜,充分发掘和利用高校自身的优势,设计适合本校实际情况的体育隐性课程。

七、教师主导好体育课

体育课上的气氛是学生在体育课中情绪情感等心理特征的综合体现,它与课上的教学内容、教学方法以及教学条件有着十分密切的内在联系。当教学内容符合学生的特点(包括学生的年龄、性别、生理、心理特点),教学方法就能够激发学生的练习兴趣。教学条件完备,学生学习的情绪就高,收效也就大,这时体育课上就容易形成生动活泼的气氛,而生动活泼的气氛是提高体育教学质量的重要因素。由于形成体育课堂气氛的因素是多方面的,且课堂气氛受教学内容的制约,它是在教学过程中形成的,是比较客观的,所以要想人为地控制课堂气氛,使体育课上呈现出生动活泼的局面,就必须找出形成课堂气氛的各种因素。要做到这些,体育教师可从以下几方面入手。

(一)善于调整变换课堂气氛的节奏和韵律

根据我国体育课堂的结构,在课堂开始时可安排游戏式的小型比赛,来活跃课堂气氛。这类提高兴奋性的活动,时间不宜过长,运动量也不宜过大,只是为了提高学生上课的兴趣和适应性。当进入体育课的准备部分后,应把重点放在徒手操上。徒手操不单是为基本部分的内容做好准备活动,它是一种全身性的活动,锻炼价值比较高。教师应结合学生的年龄、性别、生理和心理的不同特点以及教材的内容,认真编写徒手操或其他准备活动的内容。编排要富有趣味,以提高学生的兴趣,活跃课堂气氛。当然,还要具有一定的生理负荷量,来适应基本部分的需要。基本部分是体育课的主要部分,因此课堂气氛也应随运动量的增大而逐渐热烈。

当体育课的运动量达到最大时,其课堂气氛也应最为活跃。当体育课进入结束部分时,应辅之以放松性的练习,多做些协调放松的游戏性活动。这样不仅能缓解课上造成的疲劳,同时还能为下节课的活跃气氛打下基础。根据体育课的结构和教学内容,一堂课的活跃气氛最好出现4~5次,基本部分的气氛为全课的高潮。

(二)体育教师应掌握心理学知识

体育锻炼的动力是由学生的动机引起的。它的心理成分一般包括学生对体育锻炼的认识(即形成学生间接动机的主要因素)和对体育活动的兴趣(即形成学生直接动机的主要因素)。学生学习的直接动机的形成主要依赖于兴趣。比如,当学生看到在教师的带领下一些学生正在高高兴兴地进行游戏或比赛时,会使他们情不自禁地产生与之一起学习或一起活动的要求,即直接的学习动机。教师要利用这种暂时的学习动机,在学生进行感兴趣的活动的同时,对他们进行体育锻炼的目的性教育。当学生了解了体育锻炼的好处,就会更加主动地进行体育学习与锻炼,那种暂时的直接的学习动机也会转变成间接的学习动机。根据学生不同的兴趣、爱好,教师可以采用各种方法激励学生克服困难,增强学习的信心,使其掌握一些难度较大的技术动作。根据心理特征的形成和发展的规律,教师可针对学生不同的特点进行品德教育,帮助学生形成良好的个性特征,克服不良的个性特征。总之,教师掌握心理学知识,摸清学生在体育课上的心理特征与变化规律,会使自己掌握教学的主动权,有效地控制课堂气氛,为提高教学质量创造十分有利的条件。

(三)灵活运用多样的教学方法和手段

体育教学中采用的教学方法,应根据学生的特点而定。总之,当教材内容固定后,教师要努力研究教学方法的多样性。多样的教学方法不仅可以激发学生学习的兴趣,使体育课的气氛生动活泼,而且能有效地促进学生身体的全面发展。

(四)充分发挥自己的主导作用

①教师在课上的言行要有鼓动性和启发性。②教师的表扬与批评要适度。③教师的表情及口令要富于感染力。

八、在体育课堂开设"超市"

在体育教学中,如果教学的要求相对统一,学生对教学内容的掌握情况相对一致,那么,采用完全整齐划一的集体授课形式,效果比较明显。课堂教学应该在集体教学的背景下,教师向学生提供足够多的"超市货物",充分发挥学生的主体性,让学生自主地选择学习的内容、方法、步骤。例如,一位教师在引导学生学习接力传接棒技术时,只提了这样一个问题:"大家思考并且实践一下,在迎面和同向接力中,怎样交接才能做到既快又稳呢?"它给了学生一个比较宽松的自主选择的范围,能诱发全体学生参与学习的积极性和创造性,从而使一个人人都能参与、个个都乐于参与的课堂教学新格局得以形成。其间,教师的主要任务只是对学生的理解和感悟做出相应的启发、指导和帮助。事实证明,开设这样的"超市",能够引发学生积极主动地思考,充分发挥学生的想象力,发展学生的创造性思维。

在复习课的教学中,如果在教师引导之下,在课堂中开设"超市",让学生自主选择学习的内容,各取所需,这样不仅把有限的课堂教学时间还给了学生,还激发了学生自主学习的热情。

体育课的素质练习,可以这样安排:教师选择多种训练上肢力量或腰腹力量的项目,让学生从这几个项目中任选一个项目进行练习,运动量以达到自己最大强度的百分之多少来确定。学生选择自己喜爱的练习项目进行练习,运动量由自己掌握。学生自己从"超市"中选择内容,其练习的兴趣将会大大提高。

体育课的准备活动是体育课必不可少的一部分,可以设立一个"超市",让学生根据本课的教材内容、教学目标,自由地、有针对性地选择内容、方式进行练习。如:让学生自由选择准备活动的内容(徒手操、游戏等);打破固定分组的形式,学生自由组合进行练习;自由编操,自己喊口令;等等。这样不仅可以调动学生学习的积极性,还能提高学生练习的兴趣和锻炼的实效。

体育课的结束部分,学生的生理和心理都已疲劳,但每个学生的疲劳程度却不尽相同,教师在课的结束部分,可以安排一段音乐,让学生根据音乐(或不根据音乐)自由放松,可以采取单人、双人、多人、男女混合等多种组合,选择多种练习的内容。学生在这样的环境下,才能获得其正意义上的放松。在课堂上开设"超市",应适应素质教育要求采取的一种新的教学模式,强调学生的主体作用。教师在上课前一定要吃透教材、吃透学生,精心安排教学内容,设计教学程序。在上课时,要注意对学生进行启发、诱导和点拨,并鼓励学生能大胆地去选择、去发现、去感悟。只有这样,学生的主体作用才能真正地得以发挥,才能真正体现健康第一的指导思想。

第十章　素质教育视域下大学生体育教学评价

第一节　体育教学评价的发展与规范

一、体育教学评价的发展对策

(一)不断发展和完善体育教学评价的体系

1. 保持评价主体的多维性

随着高校体育教学制度的改革,体育教学评价的主体也发生较大改变,已发展为目前的多元化结构,即教师、学生、家长、校方和社会团体等。因此,我们在进行体育教学评价时必须保持评价主体的多维性,这是保证评价结果全面性和准确性的必要条件。

2. 注重评价客体的多维性

在高校进行体育教学评价时,由于个体的差异性,使得被评价的对象之间存在着一定的差异,这就很难通过统一的评价标准来进行衡量。因此,高校在进行体育教学评价时,一定要注意评价客体的多维性。这就要求在进行体育教学评价前,应对评价对象的具体情况进行分析,并以此为依据进行分组评定,从而实现体育教学评价的公平性,也使每一个参加体育教学评价的个体获得成就感,提高其参加体育学习的积极性。

(二)建立多元化的体育教学评价模式

在体育教学评价过程中,为了实现现代体育教学评价的全面性、科学性和真实性,关键是要建立起人性化、多元化的评价模式。例如采用"教师评价＋学生自身评价＋家长评价"的模式,并将肯定性的语言描述与过去的打分制相结合,对形成性评价方式给予更多的关注,实现与被评价者的交流和人性化、多元化的发展。

(三)建立健全体育教学评价的反馈机制和保障机制

获得评价信息的关键方法和唯一途径便是反馈,健全的体育教学评价反馈机制是评价活动有效开展的关键性条件。信息论的观点认为,信息是一个系统实现有效控制的基础,而反馈则是评价主体获取信息的途径,所以体育教学评价反馈机制是否健全,直接影响着体育教学评价系统是否能够得到有效控制。为此,建立多条反馈渠道是保证体育教学评价主体能够及时收集到有效评价信息的关键。例如:学生评价反馈渠道、家长评价反馈渠道;丰富评价反馈的内容,如在反馈的同时附上评价对象在整个学习过程中的表现以及需要改进的地方,同时提出希望等;改变以往在学期结束之后的反馈,实行学习中的反馈。此外,为了保证评价反馈机制的有效运行,还应建立体育教学评价反馈机制的监督机构,以便对高校体育教学评价反馈情况进行监督。通常来说,规章、条例、制度可对评价主客体在评价活动中的行为起到约束和控制作用,为高校体育教学评价活动起到保驾护航的作用。

二、体育教学评价的规范

体育教学评价是依据体育教学目标与标准,对体育教学的质量进行定量与定性的价值判定。新课程改革以来,也出现了各种体育教学评价的指标、方法与体系,甚至是用计算机操作的各种评价软件,这说明体育教学评价在走向科学化、准确化、全面化的道路上迈出了一大步。但是我们制订的体育教学评价标准与方案不能仅仅停留在理论层面上,需要有更强的操作性与更大的实用价值,否则理论研究成果只能是纸上谈兵,没有真正的实践意义。

(一)更好地发挥体育教学评价的反馈功能和指导功能

反馈功能和指导功能是体育教学评价的两个有机联系的基本功能,在实施体育教学评价的过程中,应注意把教学评价与体育教学的其他组成要素有机地结合起来,不能为评价而评价。教学评价与预设的目标要紧密联系起来,评价的结果将为目标达成程度作一个判断与反馈。

(二)分别制订体育教师教的评价体系与学生体育学习评价体系

教学包含教师的教与学生的学两个方面,因此教学评价也应该从这两个方面分别进行。目前有关学生学习评价的研究较多,但有关教师教的评价主要集中于课堂教学评价。因此,还有待深入研究教师与学生有关教学方面的评价,建立一套较为客观的、全面的评价体系。

(三)建立符合中国国情的相对科学的体育教学评价指标

从系统论的角度分析,体育教学目标应该简单、科学、具有可操作性,而体育教学评价是一个检验教学目标达成情况的重要参考坐标,因此也应该与体育教学目标相对应,具有简洁、实用、客观、科学、可操作等特性。因此,建立符合中国国情的相对科学的体育教学评价指标,是今后体育教学评价的一项重要工作与任务。一方面,应加强体育教学评价体系的理论研究;另一方面,应开展体育教学评价改革的实验研究。在借鉴国外教学评价的有益经验的同时,结合我国自己的实验研究,消化、吸收、创造出具有中国特色的体育教学评价指标体系。

评价的指标还涉及了一个科学性的问题,如何制订科学的指标是一个关键性的因素,较为科学的方法应具备以下几个主要的环节。

1. 初拟指标

初拟指标是根据体育教学评价的目的或主题,由研究人员对评价内容的理解和实践经验初步确定指标。初拟指标常用的方法主要有以下两种:①因素分析法。将评估指标按评估内容本身的逻辑结构逐级进行分解,把分解出来的主要因素作为初拟评估指标的方法。从分解评估目标开始,由高层到低层进行。越是下一级的因素越是具体、明确,直至分解到因素可以观察和测量形成末级指标为止,从而形成一个从一级到二级再到三级……直至末级的指标体系。②头脑风暴法和反头脑风暴法。组织专家(一般至少10名)以座谈会或会议的形式,请专家凭借实践经验和学科专业理论针对督导主题即席发言,相互启发,不对他人的意见做批评或阻碍他人发言,最后把专家的意见进行整理,初步提出评估指标。

2. 筛选指标

初拟出的评价指标一般数量较多,不能反映指标的简约性原则,甚至有些指标可能重复、交叉,所以,对初拟指标要进行归类、合并及筛选,从而保证评价指标的科学性、有效性。筛选评价指标一般采用经验法和数理统计法。经验法是根据个人或集体的经验对初拟指标进行归类合并、决定取舍的方法,其又分为个人经验法和集体经验法。

个人经验法是评估指标的设计者个人根据自己的经验,对提出的初拟指标进行比较、排列、组合,通过思维加工,决定指标的取舍。集体经验法其实是一种问卷调查统计的方法,以个人经验为基础,集中若干有经验的专家分别征求意见,并运用问卷统计方法进行指标取舍的方法。其优点是广泛收集高校体育督导评估主题有关方面的专家意见,克服了个人经验法的局限性,又运用了统计方法,筛选出的指标相对具有科学性。

3. 确定权重

评价指标确定后,要根据其在体育教学评价内容中的重要程度给以权重。权重就是权衡指标的分量,确定指标的重要性和地位。权重数的表示有小数、百分数、整数。确定指标的权重数一般有以下几种方法:①集体经验判断。依靠专家和有经验的教育部门领导、高校体育专家、体育教师等集体的智慧、经验,揭示指标对于评估内容的价值的大小,从而确定权重数。这种方法信息量大、全面具体,但其缺点是易受权威人士或多数人意见的影响。②特尔斐法。用匿名的方式就预先设定的指标权重数向不少于10名专家发放问卷,通过至少三轮的征求、汇集并统一专家的意见和判断,使大多数专家在相互不受干扰的影响下对指标的权重数达成一致意见。③层次分析法。这是一种多目标多准则的决策方法,主要采用两两比较步骤,即将所要比较的各条指标配成对,让有关专家对指标的某一特征进行比较和判断。将比较的结果写成矩阵形式,找出它们的优先顺序,反映出各个指标相对重要的程度,以评价指标相对优化程度。

4. 确定标准

在确定好体育教学评价指标、指标权重后,还要确定评价标准。设计评价标准的步骤与方法是:①设计标度。标度可用定性或定量两种形式表示。定性标度一般用描述性语言表示,如"精通""熟练""掌握""不掌握"等。②设计标号。标号是区分标度的符号。在标度确定之后,只需要用不同的符号,如优、良、中、可、差或优、良、及格、不及格等。

第二节 高校体育教学评价的改革

近年来,随着高校体育教育改革的不断深入,体育教学评价的改革也越来越受到人们的重视。体育教学评价是教育评价的重要组成部分,是依据既定的体育教育目标,通过对评价手段和技术的有效运用,测量、分析并比较体育教学活动的过程及结果,进而给出价值判断的过程。体育教学评价的目的是更好地对体育教学工作进行宏观调控,更加科学地对体育教学工作进行管理,进而促进体育教育的发展。

一、高校体育教学评价的原则

高校在进行体育教学评价时,只有在坚持一定原则的基础上进行科学的评价,才有利于体育教学目标的实现。

(一)全面性原则

在高校体育教学中,教学系统是十分复杂的,教学任务是极其多样化的,因而体育教学的质量能够从不同的侧面得到反映。因此,在进行高校体育教学评价时,应坚持全面性原则,对教学活动进行多角度、全方位的评价,以切实促进体育教学质量的提高。

(二)实践性原则

高校体育教学是一门有着很强实践性的学科,而且体育的能力、水平和素质最终要体现在实践活动中。一般来说,这种实践活动包含体育身体素质、体育技术水平、体育兴趣和爱好四个层面。因此,在进行体育教学评价时,应该在实践活动中进行,并对实践活动的四个层面都给予重要的关注。

(三)科学性原则

高校体育教学评价的结果要想拥有实际的意义,就必须在进行体育教学评价时坚持科学性原则,以客观规律为依据,科学化的选择评价方法、标准以及程序,一切结果都要有科学化的依据。

二、高校体育教学评价的特征

高校体育教学评价有着自身独有的特征,正是这些特征使得高校体育教学评价能够促进体育教育的发展。

(一)评价内容的全面性

高校体育活动的效果是对各种体育活动进行综合后的效应,因此在进行体育教学评价时,要对教学的内容进行全面性的评价。

(二)评价目标的发展性

高校体育教学目标是一切体有教学活动的出发点和落脚点,集中体现了体育教学主体的价值观念,也是进行体育教学活动成效评价的重要依据。而伴随着社会经济的发展以及思想观念的变化,体育教学目标也会有所发展。因此,在对体育教学进行评价时,要针对发展了的体育教学目标进行评价。

(三)评价主体的多元性

在高校体育教学评价中,教师和学生作为评价主体已经开始主动参与到体育教学评价中来。而且,高校、家长以及社会也应该参与这个评价过程中来,使评价成为多主体共同参与的活动。

(四)评价方法的过程性

在高校体育教学评价中,评价方法已将重心放在了对学生体育学习过程的全程跟踪与考查上。教师开始注重学生学习的全过程,对其学习过程中的进步与发展给予更多关注并及时予以评价。

三、高校体育教学评价的内容

高校体育教学评价的内容,主要有以下几个方面。

(一)高校体育教师对体育教学过程的评价

在高校体育教学评价中,教师对体育教学过程的评价是通过一定的理论与实际方法的运用来实现对体育教学过程与教学结果的评价,包括"教师对自己教学情况的自我评价"和"教师之间的相互评教活动"两种形式。

(二)高校体育教师对体育学习过程的评价

在高校体育教学评价中,教师对体育学习过程的评价在体育教学评价体系中处于主体地位,主要的评价对象是参与其中的学生,包括"教师在学习过程中对学生的激励评价"和"教师对学生体育学习结果的成绩评定"两种形式。

(三)学生对体育教学过程的评价

在高校体育教学评价中,学生对体育教学过程的评价越来越受到人们的重视,包括"学生在学习过程中对教师教授内容的随时反馈"和"有学生参与的评教活动"两种形式。

(四)学生对体育学习过程的评价

在高校体育教学评价中,学生对体育学习过程的评价在新的《体育与健康课程标准》中得到了高度重视和提倡,包括"学生的自我评价"和"学生之间的相互评价"两种形式。

(五)其他评价

在高校体育教学评价中,其他评价主要指的是除教师和学生以外的其他人员对体育教学做出的评价。

四、高校体育教学评价改革的趋势

(一)高校体育教学评价由单一向多元化方向发展

高校体育教学与其他科学教学相比,在课程体系结构、授课方式以及实践等方面都存在着很大的不同。而且学生个体在体育素质方面也有着非常明显的差异,因此,只有将多种体育教学评价的方法综合起来进行运用,才能使教学评价的效度和信度得到很大提高。

(二)高校体育教学评价由重视评价结果转向重视评价过程

从当前高校教学改革的趋势来看,对教学和学习过程以及学生实践能力和创新精神的重视成为人们的共识。而且,随着体育教育观念发生的深刻变化,不但重视传授体育知识和技能,更加关注学生的个性发展、创造精神和能力,更加注重对体育理论和技能的贯通以及对体育学科知识和其他学科知识的融汇,更加注重体育知识的运用。因此,体育教学的评价需要与这种转变相结合,从重视评价结果向重视评价过程转变。

第三节 构建高校新的体育教学评价体系的可行性分析

一、构建体育教学评价体系的可行性分析

(一)促使新的教学评价体系在传统体育教学评价体系的基础上继承地发展

教育目标的分析、教育的评价和教育的计划,是不断地循环着,当你在评估教育评价的效果时,便会屡次对那些建立在教育前提的"目标"发生改良修正的联想,同时也会提出教授法或指导计划的修正方向。目标和指导计划修正以后,又要求指导法的修正,也要求评价计划的修正,它们是互为循环的,因此教育评价也可促进教育的正常化。可见,科学的教育评价体系在教育决策、教育管理和教育改革等方面都具有强大的推动力,它的改进也是在前一轮的基础上,经过实施——改进——再实施的循环往复地进行的。因此,我们在构建新的体育教学评价体系的同时,应该用辩证唯物主义的观点构建新的体育教学评价体系,取传统体育教学评价的精华,为高校体育教学评价提供依据,并通过体育教学评价来促进高校体育课程的改革和发展。

(二)使新的体育教学评价体系更好地服务于高校体育教学改革

进入 21 世纪以来,在我国高校体育教学改革中,教学评价越来越受到人们的重视,这也是近年来有关体育教学评价的文献增多的重要原因之一。作为体育教学过程的一个基本环节,体育教学评价是高校体育中的一项日常工作,它具有对体育教学活动及其效果进行判断,通过信息反馈调控教学过程,保证体育教学活动朝向和达到体育教学目标的功能。建立适合当前体育教学的体育教学评价体系,强化评价的激励性和发展功能,把学生的学习态度、体能知识与技能、情意表现与合作精神,通过学习过程的评价(包括教师评价和学生评价)表现出来,充分体现以学生为主体,以健康为中心的教育思想,为学生的终身体育服务,以此推进我国的高校教育改革。

二、构建符合现代教育理念的高校体育教学评价体系

(一)体育教学评价主体的多元化

评价主体的确定是否合理以及能否通过特效发挥其功能,是教学评价取得成功的根本

保证。构建多元化的高校体育教学评价体系,应该让需要使用评价信息的各方面人员都参与到体育教学评价中来,以使评价结果能够很好地满足使用者的需求,使被评和自评相结合,从评价中找出问题,确定改进目标。

(二)评价内容全面化

体育教学评价的内容应该反映时代的精神与要求。在建构教学评价内容时,应从当代素质教育对教学的需要出发。教学评价的内容主要包括教师评价、学生评价、教学过程评价、教学管理评价以及课程评价五个维度,并且每个维度又根据要求划分出不同的层面,在不同的体育教育阶段,内容与要求应各有不同。同时,体育教学评价内容还应具有延续性,以实现评价的整体性与系统性。

(三)评价方法多样化

体育教学评价的方法主要是指在具体的体育教学评价中可以进行操作的手段和程序。应采用灵活多样的评价方式对学生的体育学习行为、学习过程和学习结果进行评价,利用观察、访谈、评价表、档案袋、读书笔记、表演展示等多种评价方式的功能,给予学生选择的机会,让他们在不同背景下充分展示自己已经拥有的知识和技能。通过采用多种评价方法和工具,经常对学生和教师进行评价,并将结果及时反馈给学生和教师,从而实现对教学的有效控制。

(四)定量定性结合化

对学生的知识、技能等可以测量的因素采用定量的方法分析,而对情感、态度、合作精神、自学能力等内在性质的分析则采用描述加等级的方式。

总而言之,教育评价是一件极其复杂的事情,在理想的追求与现实的可能之间往往存在着相当大的差异。高校体育教育改革应是全方位的大变革,作为体育教育重要的一个部分,教学评价改革也势在必行。因此,明确方向,制订措施,建立符合现代教育理念的体育教学评价体系,让其更好地为大学体有教学服务,具有重要的现实意义。

第四节 高校体育教学评价体系改革的策略

一、体育教学评价的本质特征

作为人类特有的一种认识活动,评价是一种以把握世界的价值为目的的认识活动,其主要是表达世界对人的价值与意义所在。而价值本身是存在主客观之分的,评价是为了解释这种主客观的价值关系设计的,而不是去创造关系,因此评价仅仅是一种促进事物发展方向的措施。作为教育评价体系的组成部分,体育教学评价是一种一般评价在教育领域中的体现,是按照一定的评价标准,结合适当的方式与手段,对体育教学的构成要素、过程和效果进行的综合评价活动。体育教学评价的主体是各级教育行政管理部门、社会组织以及高校、教师甚至学生等,客体是教育教学的对象,一般是指教学的质量、教学的整体过程、教学的结果,学生能力的提高程度,以及其他诸多方面。这些都体现出了教育评价中的主体和客体的价值关系。我们在进行体育教学评价时,需要先了解评价主体的需要,其次要搞清楚体育教育的本质,再次要树立正确的体育教学的价值观。只有将三者统一协调起来,才能充分发挥体育教学评价的功能。

二、高校体育教学评价体系改革的策略

(一)更新体育教学评价理念

一个科学评价机制的建立,必须要以素质教育为根本,要抓住素质教育基础性、全面性、主体性、个体性等特点,正确认识高校体育在素质教育中所起的作用,明确高校体育的教育目标。评价机制要确保评价目标和教育目标的一致,并以此为依据设计体育教育评价的指标体系。科学化的评价指标与可操作性强的评价办法才能使评价体系发挥正确的导向作用。因此,体育教育评价的指导思想应全面更新,建立多角度多方法的综合质量评价,既要注重体育知识、技术、技能等学习成果的考评,又要加强对学生体育能力、情感、意志、思想、品质等方面的关注。特别要注重教学效果的评价,加强对教学过程的评价,重视学生在学习过程中的努力程度与进步幅度。

(二)体育教学评价内容多元化

《全国普通高等学校体育课程教学指导纲要》已经把教学目标划分为运动技能、运动参与、身体健康、心理健康与社会适应五大领域,说明高校体育的教学目标是多种多样的,这在教育界和学术界已经达成了共识。因此,体育教育教学评价的内容应该向多元化发展,不能只保持单一的技能或健康测评,同时应该重视对认知、情感等的评价。

(三)注重评价方法多样化

1.自评与他评相结合

评价方法应该多样化,开展自评与他评、学生评价与教师评价相结合。自评的方式,会让教师与学生增强参与的积极性,大大提高主动性,这样就能更好地投入教学和学习中去。因此,要加强学生自评与师生互相评价,将这两种评价方式与体育教师评价有机结合起来,充分发挥评价方式的功能。

2.终结性评价与过程性评价相结合

过程性评价侧重于学习过程的纵向评价,相对于终结性评价而言,具有一定的弥补功能。过程性评价的方式比较灵活,可以给教师与学生提供及时的反馈,从而不断改进教学。同时,过程性评价更容易让教师注重学生非智力因素的发展,对体育教学终极目标的实现非常有利。因此,在评价方式中,应将终结性评价与过程性评价相结合,逐渐淡化终结性评价,加强过程性评价的运用,如此可以有效调节教学的各个阶段,让教学过程更趋向于科学与合理,提高体育教学的质量。

3.定量评价与定性评价相结合

定量评价是一个评价体系最基本的评价标准,在体育教学评价中也占据着主导地位。

但体育教学是一项复杂的教育工作,很多东西是不能用量进行衡量的,比如学生的思想、情感、习惯、学习态度等根本无法量化,所以科学的评价体系应该引入定性评价标准。因此,要想全面地把握被评价者的学习情况,应该将定量与定性评价相结合。

4. 绝对性评价与个体差异性评价相结合

个体差异性评价有利于学生增强学习的自信心,看到自己的进步。体育过程重视的是学生的进步与发展,体育学习评价既要采用绝对性评价,又要强调个体差异性评价。具体可以采用"相对评分法":在学期开学时,通过诊断性评价建立一套学生个人的学习档案,包括对学生的知识、技能、体能等方面的摸底,作为学生的开学起点成绩;通过将每学期结束时的终结性评价结果与学生学期开学时的起点成绩进行对照,就可以发现每个学生一学期学习进步的幅度,从而让每个学生都能看到自己的进步。

科学评价应重视对学生心理健康发展及体育学习态度与情感的评价,培养学生的终身体育习惯。体育教学的目标是为了使学生的身心都得到健康发展,在评价学生的体育学习时,不仅要考虑身体素质的提高和运动技能的获得,还要把学生的心理和谐发展作为考查的指标。体育学习的态度体现在参与者参与体育的积极性上,即学生是否积极地学习体育锻炼的知识,是否主动投入体育锻炼,是否主动与他人进行体育交往等。可以从平时提问时学生回答问题的程度、学生自行解决问题的能力、学生在运动中的积极性等方面,通过当场打分或口头表扬的方式,及时对学生的学习态度给予评价,以此提高学生的参与意识。只有这样,才能提高学生对体育的兴趣,才能使其养成终身体育的意识和习惯。

我国高校体育的教育目标是为学生的终身体育服务的,而这一目标的实现离不开健全的高校体育教育评价体系,其地位举足轻重。因此,我们应该重新审视传统的评价机制,以改革的视角出发,建立健全符合高校体育教育发展目标的综合性评价机制,以此更好地服务于大学生终身体育的需求,这对促进我国终身体育事业的建设具有重大的现实及战略意义。

第五节 高校体育教学评价体系的构建

在我国各级教育模式中,体育一直是其中的重要组成部分,在人才培养的指标体系中,体育素质的高低是衡量学生综合素质的关键要素之一。而为了适应时代发展的需求,高校教育教学(包括体育教学)中正在不间断地进行着各种各样的改革甚至变革,目的是使学生的专业知识、身心水平、创新程度能够达到社会的预期,实现人才培养的目的。高校体育教学位于高校体育教学的最后阶段,它不仅关系到学生身心素质的整体提升和素质教育的全面推进,还关系到全民健身活动的实施和高等教育人才培养的质量。为此,除了需要在体育教学的资金投入、人才队伍建设等方面加大支持的力度外,还应对教学工作的过程和结果进行必要的评价,寻找改进的方向。

一、构建高校体育教学评价体系的理论基础

(一)行为目标评价理论

行为目标评价理论采用"结果参与"的模式,将教育方案、计划和目标直接传递到学生层面,通过学生的成绩表示出来,并进一步地将这种"行为目标"作为教育评价的主要依据。其具体实施过程是,首先由教师制订出具体的教学目标,将其与教学结果进行比对,并在这一过程中对教师的教学行为进行调整,使两者最大限度地保持一致。从这个角度讲,行为目标评价理论的评价目的是十分明显的,即通过对确定实际教育活动结果的确定,达到预定教育的目标。

(二)人本管理理论

人本管理理论从心理学的视角出发,将得到尊重和获得自我实现看作是人类行为中最基本和最持久的动力。只有当个体的心理趋向得到了尊重和重视,才能激发其主体性,促使其积极主动地参与社会活动,并在这一过程中逐渐实现自身价值或者行为价值。无论是作为高校体育专业的教师还是学生,都希望通过对体育教学过程和效果的评价,发现自身行为是否符合组织的要求,由此来开发潜能,明确自身的需要与组织目标之间的关联,继而完成自我价值的实现。

(三)加德纳多元智力理论

体育教学评价体系需要根据时代的要求进行动态的调整,"多元智力理论"便是重构该体系的重要基础。加德纳多元智力理论认为,任何个体能够同时拥有多个(多种)相对独立的智力,且其组合和表现形式因个体差异而不同,不同个体的智力也就具有了不同的特点。为此,体育教师应从多个不同的视角出发,通过对学生多个方面的观察和分析,来对学生的优缺点进行综合评价,并以此为依据,促进教学水平的提高。因此,在体育教育过程中,除了要促使学生对体育活动进行主动参与和探究外,还应通过彼此之间的交流与合作,强化师生之间的角色互演,达到"教学相长"的目的。

二、高校体育教学评价体系的关键组成要素

(一)学生

学生是高校体育教学评价体系的关键群体之一,对其进行的评价往往要从学习能力的强弱、运动兴趣和运动水平的高低三个方面进行。学习能力主要表现在对体育课程的理解能力、对教师示范动作的模仿能力、对体育技能的应用能力等;运动兴趣主要表现在对运动的整体态度(喜欢、一般还是排斥)、对特定运动项目的接受程度、习惯于单独进行的体育运

动还是习惯于集体行为等;运动水平主要包括学生参加"体育达标"测试的成绩、对特殊运动项目运用的熟练程度、身体素质水平等。与此同时,在对学生的运动水平进行评价时,应将其看作是身体基本活动能力和运动参与成绩的综合,并采用开放式的评价形式。

(二)教师

在高校体育教学评价体系中,教师的作用与学生同等重要,但是教师群体的评价内容却更加多元,除了需要对自身进行评价外,还应考虑到教学行为的对象——学生的感受。因此,评价内容包括教学技能水平、教学组织水平和学生满意水平三个方面,前两个方面指向教师,第三个方面指向学生。其中,教学技能水平是教师进行教学活动的"基本功",只有教师具备了一定水平的语言表达能力、语言感染能力和知识储备,才能从事教学活动。可见,这一指标是根本,是最关键的一环。组织能力包括教师教学计划的设计水平、教学进度的合理安排、教学情境的创设、教学节奏的把握以及教学过程中突发情况的处置等。学生对教学活动的满意程度直接关系到教学效果,涉及的评价指标包括学生"评教"的成绩、出勤情况、作业完成情况等,因为这些指标都在某种程度上反映了学生对教师(体育教学)的满意程度。

(三)教学管理

只有学生和教师的体育教学活动是难以长久地规范开展的,因此,在高校的体育教学评价体系中,体育教学的管理工作是十分重要的,它直接关系到教学工作的整个过程。在这一方面,可供采取的评价指标主要有教学管理单位"对体育教学的重视程度"和"对体育教学的投入水平"。从管理学的角度讲,任何组织计划的有效实施都与高层或主管部门的重视程度直接相关,有时,为了将某计划保证实施下去,需要主管领导的带头促进。体育教学工作也是如此,从这个角度讲,重视的主体除了主管部门之外,还应包括学生和教师群体。除此之外,对体育教学的投入水平也在很大程度上影响着体育教学的质量,对这一指标而言,包含的内容有资金投入规模、每个学生的平均资金补助、体育器材和场地的数量及使用效率等。

(四)教学环境

创建良好的体育教学环境,将其与体育教学目标相匹配,最大限度地为体育教学服务,已经成为高校体育教学工作中的一个重要问题。对高校体育教学评价体系来说,教学环境处于体系的最"外围",也是最为宏观的部分。按照现有的研究成果,体育教学环境分为物质环境和社会心理环境两个主要部分,前者指的是自然环境、时空环境和设施环境,即教学活动的位置、场地器材的质量和数量等,后者包括的内容更加广泛,不但涉及教学氛围的优劣,还涉及教师和学生情感的抒发和交流。一般而言,社会心理环境可以细分为人际环境、信息环境、组织环境和情感环境等。

三、高校体育教学评价体系的构建路径

（一）更新和创新评价工作的观念和方法

对高校体育教学进行评价的主要目的之一就是要实现学生健康水平和体质的提高，使其能够更好地适应社会发展的需求。为此，要更新和创新评价工作的观念和方法，将体育教学评价看成一个复杂、全面的价值判断过程。因此，需要广泛地借助各类指标，从学生、教师、教学管理者的行为表现中作出必要、准确的观测和判断，将量性评价和质性评价进行有机结合，突出体育教学评价的重难点，有针对性地发掘和解决体育教学工作中出现的各种问题。

（二）发挥评价对象在评价工作中的作用

在高校体育教学评价的工作中，由于评价对象中学生和教师群体是极其关键的，因此，应在评价体系中重视"人"的作用，做到"以人为本"，以促进人的个性发展为目标。除了要关注教师的职业处境和职业需要外，还应最大限度地激发其主体意识，使其成为评价工作的直接参与者。对学生群体而言，应注重对评价结果的进一步应用，按照学生个人运动水平等指标的高低进行激励，使其从被动接受评价，到主动接受评价结果，调动其积极性和主观能动性。只有这样，才能使评价对象得到应有的尊重，激发其进行积极工作的潜力。

体育教学评价工作是高校体育课程实施体系中的重要组成部分，客观、公正、科学的评价工作不仅能够理顺现有的教学模式，还能够调动教师和学生的积极性，改善教学效果，促进教学改革的深入。

第六节 高校体育教学评价多元化模式的建设

教学评价就是以教学目标为衡量标准，对教学过程与教学结果进行价值判断，这一过程不仅是教育的重要环节，同时也是推动教育发展的关键因素。随着我国高等教育改革的不断深入，高校体育教学改革也逐渐走入科学化、规范化的轨道。在这一背景下，不断推进高校体育教学评价体系改革，建立多元化的体育教学评价模式，能够有效推动高校体育教学改革工作的开展，在当前已经显现出势在必行的重要性。因此，改革高校体育教学必须要重视改革体育教学评价模式，而改革高校体育教学模式又必须要着眼于调动学生的自主性与积极性，从而实现既让学生"学会"，又让学生"会学"的目的。

一、高校体育教学多元化评价特点与作用

在新时期的高校体育教学改革过程中推进多元化的体育教学评价模式改革，如箭在弦

不得不发。而多元化的体育教学评价模式有着十分鲜明的特点和优势。

(一)高校体育教学多元化评价特点

1. 评价过程动态化

改革后的高校体育教学评价过程则更加具备动态化。教师对学生的评价不仅集中在期中、期末的两次考试成绩,学生的全部学习过程都可以而且应该被纳入评价过程中,从而促进学生评价结果的准确化和公平性。

与评价过程动态化同时表现出来的特点还有评价内容的多元化。在新时期的高校体育教学评价过程中,不仅对学生的运动成绩和身体素质进行评价,还对学生参与体育运动的兴趣、积极性以及学生的体育学习进步情况等进行评价。除此之外,多元化的体育教学评价还对学生的体育运动精神、体育创新精神、体育情感体验等多方面进行评价,从而体现体育教学评价的全面性和人本性。

2. 评价体现修正性与激励性

教学评价能够通过自评、互评、师评等多种形式充分考虑学生的学习态度、学习进度、学习成绩与学习能力等,根据评价结果对学生的不同情况分析原因,开展有针对性的后续教学,能够充分体现教学评价的修正性特点。多元化的体育教学评价模式还具有显著的激励性,学生在多元化的教学评价模式的作用下,充分体会自身的优点与不足,从而在学习过程中更好地与同学开展互帮互助、互相协作等,有助于学生的全面发展。

(二)高校体育教学多元化评价的作用

1. 有利于促进学生的全面发展

高校体育教学评价体系的改革归根结底是为了促进学生的全面发展,而多元化的评价体系能够有效促进学生在体育评价中获得体育知识、运动技能、体育锻炼意识、健康心理素质、合作配合精神等,从而促进自身的身心全面发展。与此同时,多元化的教学评价模式还能够推动学生创新意识与创新能力的提高,通过积极引导学生参与不同类型的体育运动,激发学生对于体育运动的兴趣,从而调动学生参与体育运动的积极性。

2. 有利于推动学生的个性发展

多元化的体育教学评价模式充分尊重学生的个性,注重学生的个体差异性,从而有利于推动学生的个性发展。学生的个性有着相对较强的差异性,而促进学生从"学会"到"会学"的转变,正是体现学生个性发展的重要环节。在高校体育课程的期中或期末考试中,通过多元化的评价内容充分展现学生的不同个性,能够有效促进学生的身心健康成长。

二、构建多元化体育教学评价的途径

构建多元化的高校体育教学评价模式需要充分贯彻落实以人为本的教学理念,在教学改革过程中充分重视教学评价的作用,同时根据不同的评价主体开展多元化的评价方法。

(一)构建多元一体的评价模式

一方面,从体育教学评价的主体来看,高校体育教师、大学生都可以而且应该成为评价的主体,教师承担评价的主要功能,学生根据自身表现进行自我评价,同学间根据相互了解进行互相评价;另一方面,从评价的项目来看,多元化的体育教学评价必须要兼顾学生的全面发展,因此学生的学习态度、体能测试档案与学生的合作精神、心理素质等都应该纳入多元化的评价体系内。教师评价、学生自评、学生互评可以分别按比例进行分配,而学生的学习态度、体测档案、心理素质等则可以分别占到10%的比重。

教师对学生运动技能的评价要充分考虑学生的个体差异性,根据学生入学时的体检结果,结合学生在课堂教学与课后运动的情况进行多元化评价,并将学生的进步幅度、课堂表现等通过评价结果充分展现出来,从而对那些上课认真、进步迅速的学生给予一定程度的肯定与鼓励。

学生自评主要是以学生自身为主体,对个人的意志品质、运动观念、学习成绩等进行自我评价,从而使学生更深刻地认识到自身的问题。学生互评则要充分体现学生之间的取长补短,在互评的过程中培养学生互相帮助、合作共赢的理念。

(二)制订符合学生现状的评价标准

教学评价必须要本着"标准统一"的原则进行,在建设高校体育教学的多元化评价模式之前,必须要制订明确的评价标准,且评价标准必须能体现学生的现实情况。教师根据学生的个人情况,本着"因材施教"的理念帮助每一名学生制订符合其自身特点的进步目标,让学生在体育运动和体育学习的过程中能够充分感受到进步。在此基础上,教师要积极引导学生进行自我评价与自我目标的设定,从而推动学生在"学会"的基础上实现"会学"的目的。制订的评价标准在充分体现并尊重学生个体差异性的同时,还要充分体现客观性、公正性、合理性与可操作性。

(三)充分利用现代科学技术

针对当前学生人数众多、情况复杂、信息量大的情况,高校在构建多元化的体育教学评价体系的过程中,必须要充分结合利用现代科学技术成果,特别是计算机技术,力求评价体系工作的准确、便捷。众多的评价项目与繁杂的评价种类,长时间的评价过程与多等级的换算工作量要求教师必须借助计算机技术,其中主要是Excel工作平台,对各种表格数据进行分类、整理、计算,从而为建立多元化高效率的教学评价模式打下坚实的基础。

(四)保证学生自评、互评的公正客观

推动学生的自评、互评能够丰富体育教学评价的内涵,体现教学评价的多元化,但是必须要保证学生自评、互评的公正性与客观性。因此,教师必须要充分扮演好自身的引导角色,合理运用自身的权威,准确控制评价顺序并重点关注弱势群体,从而避免学生自评、互评流于形式。

综上所述,推动高校体育教学评价模式改革在当前高等教育改革背景下刻不容缓,改革体育教学评价模式必须要遵循多元化的原则,从评价主体、评价标准、评价内容、评价手段等多个领域综合着手,共同发力。

参考文献

[1]李海英.新时代高校体育教学的多维研究与运动教育模式[M].北京:人民体育出版社,2020.12.

[2]谢明.高校体育教育理论探索与实务研究[M].长春:吉林人民出版社,2020.02.

[3]韩芳.高校体育教育立德树人协同发展研究[M].北京:中国商务出版社,2020.06.

[4]周春娟.新时代健美操人才的培养与发展研究[M].北京:原子能出版社,2020.06.

[5]周胜.大学生体质健康指南[M].北京:中国广播影视出版社,2020.09.

[6]张志斌.新时代学校体育发展的理论变革与实践探索[M].北京:中国书籍出版社,2020.07.

[7]刘迨.新媒体视阈下体育教学与模式创新[M].长春:吉林美术出版社,2020.07.

[8]朱明江.新时代高校体育教学理论解析与模式创新研究[M].北京:中国水利水电出版社,2021.01.

[9]郝乌春,牛亮星,关浩.新时代背景下高校体育教学改革与发展研究[M].北京:中国商业出版社,2021.11.

[10]秦纪强.新时代中国高校体育俱乐部制研究[M].合肥:安徽大学出版社,2021.11.

[11]张红玲,叶倩.新时代地方高校创新人才培养体系研究以体育专业为例[M].长春:吉林大学出版社,2021.08.

[12]黄伟.新时代大学生体育与健康教育指南[M].北京:北京体育大学出版社,2021.10.

[13]郭兆霞.普通高校竞技体育供给侧改革研究[M].北京:北京体育大学出版社,2021.12.

[14]王浩,周雅顺.大学生素质教育读本[M].长春:东北师范大学出版社,2019.10.

[15]吴昌福.大学生素质教育创新研究[M].北京:现代出版社,2019.07.

[16]张玲菲,孙峰岩,吴莎.新媒体环境下传统文化对大学生素质教育作用的研究[M].长春:吉林文史出版社,2019.03.

[17]高立群,王卫华,郑松玲.素质教育视域下大学生体育教学改革研究[M].长春:吉林人民出版社,2019.11.

[18]黄萌,黄浩.大学生健康素质教育系列教材健康生活方式[M].北京:中国医药科技出版社,2019.09.

[19]胡小燕.大学生素质教育读本[M].上海:上海财经大学出版社,2019.01.

[20]王陶.大学生素质教育概论[M].北京:北京师范大学出版社,2019.09.

[21]高宁悦,刘金瑞,齐艳华.大学生心理健康教育[M].长春:东北师范大学出版社,2019.08.

[22]陈小梅,张新招.大学生心理健康教育[M].厦门:厦门大学出版社,2019.01.

[23]任永辉,曾红梅.新时期大学生素质教育研究[M].天津:天津科学技术出版社,

[24]邱影悦,徐辉,代小丹.传统文化视域下大学生素质教育的培养[M].长春:吉林大学出版社,2018.09.

[25]袁进霞.新时代大学生素质教育新论基于应用型人才培养的视角[M].北京:地质出版社,2018.05.

[26]王济干.大学生核心素质教育理论建构与绩效评价研究[M].南京:河海大学出版社,2018.12.

[27]杨志春,杨道建.大学生文化引领与素质教育实践创新[M].北京:光明日报出版社,2018.03.

[28]王晓东.大学生素质教育读本[M].武汉:华中科技大学出版社,2018.09.

[29]武会欣,邱影悦,冉婷婷.大学生素质教育[M].长春:吉林大学出版社,2018.06.

[30]马玲.高校大学生道德素质教育研究[M].北京:中国农业出版社,2018.10.

[31]杨晓玉,刘子菱,段雨辰.大学生第二课堂素质教育创新研究[M].北京:中国农业出版社,2018.08.

[32]王瑞霞.大学生职业素质教育[M].长春:东北师范大学出版社,2018.08.

[33]吴敏.大学生素质养成教育[M].长春:吉林大学出版社,2018.08.

[34]侯俊杰,田慧丽.高校大学生阳光体育运动与素质教育[M].延吉:延边大学出版社,2018.03.

[35]郭晓蓓.全面发展视域下大学生素质教育研究[M].成都:电子科技大学出版社,2018.06.